现代建筑小项目百例

顾馥保 编著

中国建筑工业出版社

图书在版编目（CIP）数据

现代建筑小项目百例 / 顾馥保编著. —北京：中国建筑工业出版社，2022.9
ISBN 978-7-112-27726-1

Ⅰ.①现… Ⅱ.①顾… Ⅲ.①建筑物—介绍—世界 Ⅳ.①U-091

中国版本图书馆CIP数据核字（2022）第144886号

责任编辑：唐　旭　吴　绫
文字编辑：李东禧　孙　硕
责任校对：李辰馨

现代建筑小项目百例
顾馥保　编著

*

中国建筑工业出版社出版、发行（北京海淀三里河路9号）
各地新华书店、建筑书店经销
北京锋尚制版有限公司制版
北京中科印刷有限公司印刷

*

开本：787毫米×1092毫米　1/16　印张：12½　字数：312千字
2022年10月第一版　　2022年10月第一次印刷
定价：**49.00**元
ISBN 978-7-112-27726-1
（39733）

版权所有　翻印必究
如有印装质量问题，可寄本社图书出版中心退换
（邮政编码 100037）

写在前面

现代建筑自19世纪末、20世纪初经历了百余年的发展，类型之多、规模之大，技术、材料之先进，创作水平之高，文化艺术之精彩可谓达到了令人瞩目的高度。在当今现代建筑史料之多、评析之深、论著之广的纷繁园地中，本书将一些小项目从时代创新的视角做一归纳、评析，使初步涉及建筑创作领域的青年学子与设计人员在认知、传承、借鉴、创新层面上有所裨益。

这些小项目的选例一来可作为重温史料的补充，二来可以评析作品的历史成就与价值，其三意在探讨作者的创作理念与构思。

这些小项目所产生的影响，已载入建筑史册者有之，获得各级建筑大奖者有之，具有较高的地域性、文化性价值者有之，贴近人民生活者亦有之。"一个项目，有着一个故事。"

中外现代建筑多元发展的创作道路，如20世纪20年代以来各样"流派"众多的"主义"，以及我国建筑创作中历久而弥新的传承与创新，促成了这些"小项目"独特而卓越的创作立意、构思、手法、技术手段、造型审美、风格、特色的方方面面。另一方面，这些项目也深刻地告诉我们，"中外古今，取其精华，皆为我用"的文化自信，对建立建筑学较全面的认知，逐步深入学科的研究将会起到启蒙与借鉴的作用。

本书的出版承蒙中国建筑出版传媒有限公司（中国建筑工业出版社）大力支持，谨致以深切谢意。限于作者资料搜集恐有遗漏，评析水平有限，有不当之处，希读者予以指正。

目录

写在前面

中国篇

1 中山陵音乐堂	2	
2 成贤小筑	4	
3 吴景祥自宅	5	
4 东海大学路思义教堂	7	
5 同济大学教工俱乐部	9	
6 鲁迅陈列馆与纪念墓	10	
7 月牙楼	12	
8 南京长江大桥桥头建筑	14	
9 伏波山听涛阁	15	
10 鉴真纪念堂	17	
11 桂林风景建筑——水榭	19	
12 桂林风景建筑——芦笛岩接待室	21	
13 郑州工业大学科技报告厅	23	
14 香港公厕——兴发街	25	
15 香港公厕——联和墟公园	27	
16 聂耳纪念园	29	
17 方塔园	30	
18 "九·一八"事变残历纪念碑	32	
19 王学仲艺术研究所	33	
20 周恩来纪念馆	35	
21 平度公园	37	
22 邓丽君墓园	38	
23 林州市红旗渠展览馆	39	
24 南阳理工学院国际会馆	40	
25 漯河公厕	42	
26 竹屋	44	
27 吴健雄纪念馆	46	
28 西华停车区	48	
29 郑州市公安派出所	49	
30 探香阁餐厅	50	
31 某国际滑雪场改造	52	
32 四川民居（夯土建筑）	54	
33 桥上教室	56	
34 瞬间城市	58	
35 金陶村村民活动室	60	
36 朱家角人文艺术馆	62	
37 高黎贡手工造纸博物馆	64	
38 商务区中心的销售中心	66	
39 绿轴翡翠文化馆	68	
40 欢乐海岸旅游指导中心	70	
41 海之梦	72	
42 尚村竹篷乡堂	73	
43 沙丘美术馆	75	
44 荷堂美术馆	77	
45 玉湖完小	79	
46 南山婚姻登记中心	81	
47 隐卢莲舍	83	
48 拉达克雪山小筑	85	
49 三宝蓬艺术中心	87	

国外篇

50 鲁比住宅	90	78 Valleaceron教堂	144
51 爱因斯坦天文台	92	79 昂赞图书馆	146
52 施罗德住宅	94	80 卢雪姆访客中心	149
53 列宁墓	95	81 滑雪塔	151
54 萨伏伊别墅	97	82 KL办公楼	153
55 1929年巴塞罗那世博会德国馆	99	83 巴伦西亚养老中心	156
56 流水别墅	101	84 农场教堂	157
57 范斯沃斯住宅	104	85 休闲廊	159
58 朗香教堂	106	86 现代艺术博物馆	160
59 栗子山母亲住宅	108	87 卡·巴达美术馆	162
60 史密斯住宅	110	88 奥斯卡·尼迈耶展览馆	164
61 越战纪念碑	113	89 奥斯卡·尼迈耶美术馆	166
62 拉·维莱特公园	115	90 日本Hodaka办公楼	168
63 光之教堂	116	91 某公交站	169
64 海狮馆、鳄鱼馆	118	92 L. 诺加斯艺术中心	170
65 2002年蛇形画廊临时展厅	120	93 开放博物馆	172
66 音乐亭	122	94 EL. 格鲁斯行政总部	173
67 曼德拉纪念馆	124	95 某居所	175
68 水上教堂	126	96 休闲亭	177
69 LCM实验室	128	97 菲茨罗伊高级中学	179
70 半露天剧场	130	98 公共活动中心	181
71 威尔工作室	133	99 阿布法尔特斯巴赫社区活动中心	183
72 建筑中心	134	100 私家别墅	185
73 蛇形画廊	136	101 布拉斯办公楼	186
74 园林展信息廊	137	102 金山社区活动中心	188
75 达卡清真寺	139	103 基弗展示厅	190
76 荷兰某公交车站	141	104 陀螺社区活动中心	192
77 博斯特泵站	143		
		参考文献	194

中国篇

1 中山陵音乐堂

建筑设计：杨廷宝
建设地点：中国南京
建设面积：4000平方米
建设年代：1932年

南京孙中山先生陵园的东南角、绿荫环抱的景区中，修建了一座露天音乐堂，占地达4000平方米。基地选择在一天然坡地，经修整，平面呈半圆形，设踏步，铺草地为观众席，埋管道，半圆外围设钢筋混凝土花架、座凳，饰以纹样点缀，种花草、爬藤。舞台与观众席之间设月牙形荷花水池，兼作雨水收集，池中养殖金鱼、莲萍。由三层花坛托起的舞台布置有弧形照壁，高约12米，台下设公共厕所、休息室等用房，整体环境空间围合，尺度宜人。

舞台照壁底座为传统须弥座，壁侧设抱鼓石，照壁檐设云纹图案、龙头等细部，古朴典雅，与中山陵建筑风格遥相呼应。

全景

鸟瞰

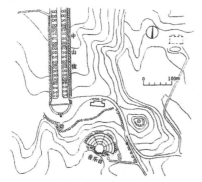

总体示意图

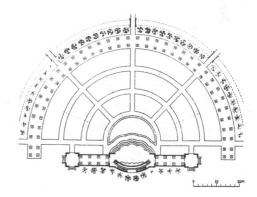

舞台

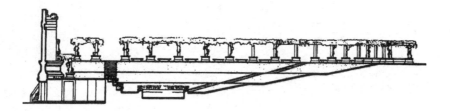

平面图

剖面图

2 成贤小筑

建筑设计：杨廷宝
建设地点：中国南京
建设年代：1946年

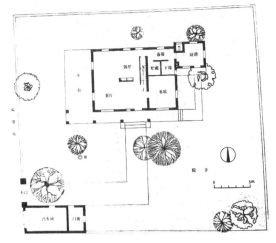

一层平面及庭院布置图

成贤小筑系东南大学（原南京工学院）建筑学院建筑系原系主任杨廷宝先生设计的自用住宅。建筑利用场地原有的三开间砖结构为基础改建，墙身大部分用城墙砖旧料建造，施工速度快，造价经济。住宅为2层，南向入口增设门廊、平台及二层阳台。底层东侧为书房，西二开间为客厅，后为餐厅，平面布置紧凑。室内挂镜线位于墙的顶端，便于悬挂长轴字画，二层为三间卧室。住宅风格朴实无华，平易近人。

住宅位于成贤街东南大学东大门入口对面，现宅院增设的大门上书"杨廷宝故居"，院落占地约1000平方米，院内设置杨廷宝先生的雕像一座，并保留了水井一口，用以浇灌花木。现为江苏省文物保护单位。

住宅外景

成贤小筑院门

3 吴景祥自宅

建筑设计：吴景祥
建设地点：中国上海
建设年代：1948年

项目位于上海幽静的西部住宅区（复兴西路246号），在狭小的东西长、南北短的基地上，该建筑无论是总体的主次出入口，还是内部较完整的居住使用空间都做了精心的推敲与安排。

建筑特点如下：

1. 在西侧切出一角作为后院及后门，使厨房规整适用及方便出入。
2. 北首留有小天井，使楼梯及浴厕采光，通风较好。
3. 东头另一尖角设置成汽车间。
4. 各层的布局：一层为多功能大厅，以接待学生、来客，或举行学术集会等；二层为书房、客厅；三层为单间、套间卧室等。
5. 外部造型结合阳台、露台以及防盗铁格栅。
6. 入口的细部、小塔楼、西班牙筒瓦坡顶、内部壁炉的烟道以及细微的纹饰都显示出了清晰的西班牙建筑风格，被同济大学的师生们誉为不可多得的设计教材。

注：吴景祥（1905—1999）广东中山县人。同济大学教授，曾任同济大学建筑系主任，建筑设计研究院院长。

住宅外景

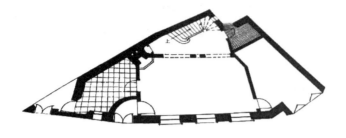
底层平面图

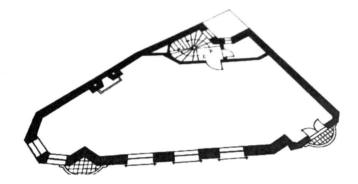
二层平面图

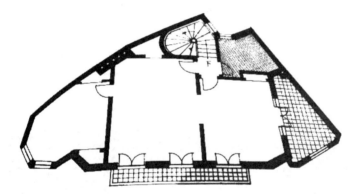
三层平面图

临街外立面

4 东海大学路思义教堂

建筑设计：贝聿铭　陈其宽
建设地点：中国台中
建设年代：1963年

路思义教堂采用四片双曲面组成的薄壳结构，结构本身兼具墙、柱、梁、屋顶四种功能，后两片薄壳略高于前两片，前后薄壳交接处顺势留出采光窗，形成了绝妙的室内空间气氛。建筑内壁是菱形交叠的清水混凝土肋条网，自双曲面铺展开来，向上升腾。建筑表面以黄色玻璃面砖呈菱形镶贴，面砖每隔一排有类似乳突的钉子出现，使建筑外观呈现出精细的质感。双曲面造型带来的空间态势，增强了教堂的宗教气氛。

全景

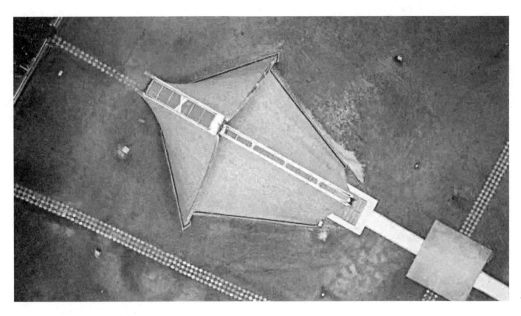

鸟瞰

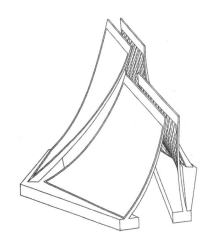

屋顶外观图

内部空间之一

内部空间之二

5 同济大学教工俱乐部

建筑设计：王吉螽　李德华
建设地点：中国上海
建筑面积：918平方米
建设年代：1956年

建筑手绘图

这座建筑面积不大的教工俱乐部满足了多种功能需求，如会议、舞厅、阅览、棋牌、餐饮等，可谓"麻雀虽小，五脏俱全"。建筑结合室外道路、用地、朝向，布置了主次出入口，采用了庭园式的空间组合，在不同功能空间的搭接处，错落点缀着景观各异、大小不同的主次庭院。

建筑结合门厅、开敞楼梯，墙面的延续或分隔使流线清晰，比例、尺度、空间内部体验良好，颇具江南民居风格。该项目在当时低造价的控制下，精心推敲，颇受好评。

建筑外景

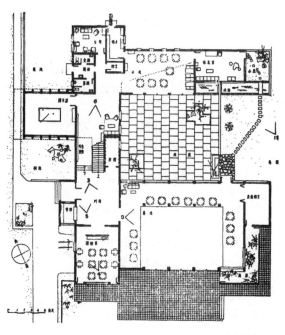

底层平面图

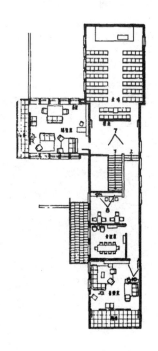

局部二层平面图

6 鲁迅陈列馆与纪念墓

建筑设计：陈植　汪定曾
建设地点：中国上海
建设面积：1450平方米
建设年代：1956年

公园总体规划将陈列馆布置在离公园入口较近处，而将墓地置于公园中央，经道路环曲，利用树丛、土丘的遮蔽避免了一目了然。墓地由广场、绿地、鲁迅先生坐像、墓前平台及照壁等几部分组成，沿革了传统中、西方的墓形。形成的空间序列、尺度适宜，体现了鲁迅先生谦逊朴实的作风，以及庄重而又平易近人的人格魅力。

陈列馆平面布置以各展室连续排列成"["形，一侧通过柱廊使前后连贯，并相应布置了会堂、贵宾厅、办公室以及服务用房等空间，以灰色瓦顶、马头式山墙、柱廊、栏杆等来体现南方民居风格。

谭垣先生以"评上海鲁迅纪念墓和陈列馆设计"一文刊载于《建筑学报》1957年第6期，同期还刊载了创作者的回复，二者进行了学术上的交流，对于纪念性建筑理论上的探讨为展开建筑创作的评论开启了先河。

全景

建筑手绘图

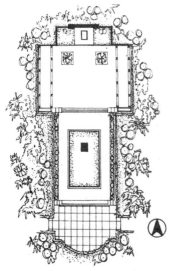

平面图　　　　　　　　　　鲁迅先生塑像

建筑外景

11

7 月牙楼

建筑设计：中国建研院理论与历史研究室
建设地点：中国桂林
建筑面积：1450平方米
建设年代：1959年

桂林是20世纪60年代我国早期对外开放的城市之一。在开发桂林旅游业的过程中，设计者把各种不同的自然景色或人文景观相组合，形成了独具特色与风格的桂林风景建筑，做到了"风景绝佳处，精心巧安排"。月牙楼是最早的桂林风景建筑之一。

月牙楼位于月牙山麓，面对东方红广场及诗词廊，空间开阔，临近公园干路，交通方便。本楼为公园服务中心，主楼三层，一、二层为餐馆、小卖部，三层为接待室、曲廊（眉月轩），内岩洞为冷饮部。登楼可见普陀山、博望庭、普陀精舍、花桥展览馆以及远山景色。一至二层楼梯用山石叠成，模拟山麓自然山石的延伸，三层向后有架空走廊与后面山腰相通，可达山腰凉亭及山洞。冷饮部利用岩洞，既节省建筑面积，又很凉爽。洞前由曲廊围成一个独立的小庭院，有步级可上廊顶平台通向主楼。整个建筑的定点布局与外部空间自然环境紧密结合，建筑体量与山的高度和广场大小尺度适当。

全景

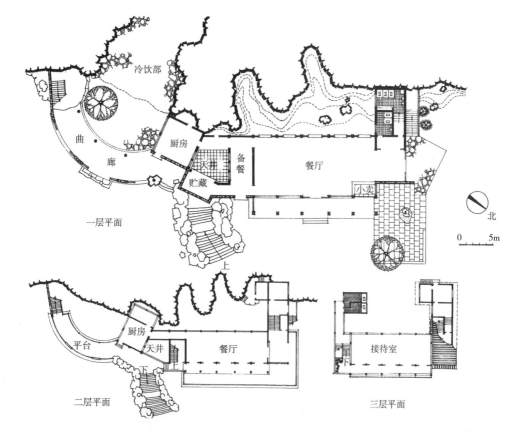

各层平面图

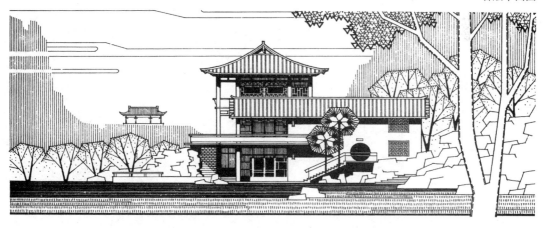

侧立面图

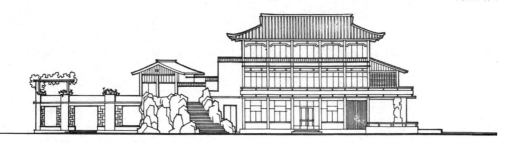

正立面图

8 南京长江大桥桥头建筑

建筑设计：程泰宁　钟训正
建设地点：中国南京
建设年代：1960年

外景

1960年中国铁道部举办南京长江大桥桥头建筑全国性设计竞赛，在17个参赛单位的70余个方案中，杭州市建筑设计研究院程泰宁团队的方案与南京工学院钟训正团队方案共同综合成最后的实施方案。正桥与引桥之间的桥头建筑，采用塔楼插入的"门式"形制，塔顶的结构象征着当时"总路线、大跃进、人民公社"这三面红旗，前方及周围立有以工、农、兵、学、商为形象的五人雕塑，连同"世界人民大团结万岁"等浮雕构成了进入正桥的空间序列，也成了一个时代的标志。

公路桥舒展的观景台、柱廊，以及塔身上部直插云霄的红旗，在尺度、比例、细节、形象上都精心设计，和谐统一。

建筑手绘图

全景

14

9 伏波山听涛阁

建筑设计：莫伯治等
建设地点：中国桂林
建筑面积：353平方米
建设年代：1964年

20世纪60~70年代早期对外开放的两广城市，为发展旅游事业，在名胜景点修建了一批风景建筑，开创了具备岭南风格特色——轻、巧、通、透的景点建筑。听涛阁就是其中之一。

镶嵌在伏波山腰的听涛阁，位于漓江西岸。宋人诗句"波澜西伏啮山根，山裂岩开石室存"便是其名由来。

听涛阁自山麓拾级而上，层层叠叠，直至宽大平台。二层落地排窗，桂林美景一览无遗，尽收眼底。阁中内壁、后墙为天然山石峭壁，自然得体。这种以自然本体作为室内的手法成为风景建筑结合自然的佳例，整座建筑舒展、轻盈、简朴、大方。

全景

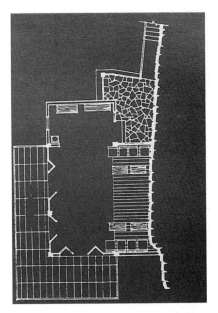

建筑手绘图　　　　　　　　　顶层平面图

室内手绘图

外景之一　　　　　　　　　　外景之二

10 鉴真纪念堂

建筑设计：梁思成　莫宗江　张致中
建设地点：中国扬州
建设年代：1973年

为纪念我国盛唐时期的高僧、中日两国文化交流的伟大使节——鉴真和尚，特在其主持的扬州法净寺建鉴真纪念堂。纪念堂位于寺院中轴线北侧，采取院落式布局，面阔18米，五开间，进深三间，屋顶为唐代庑殿形式，四周以回廊环绕；轴线南端为一碑亭，面阔三间，进深二间，歇山顶，碑取卧碑形式。建筑模拟唐代须弥座风格，梁、枋、柱、斗栱细部均为木材本色，朴素典雅。

外景

全景

建筑手绘图

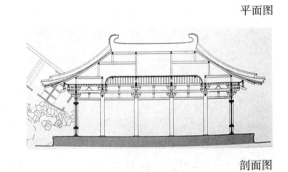

内景图　　　　　　　　　　　　　　　　　　平面图

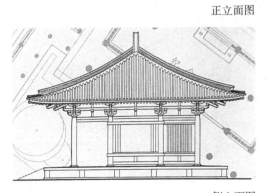

正立面图　　　　　　　　　　　　　　　　　剖面图

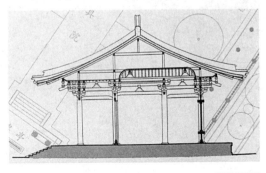

侧立面图　　　　　　　　　　　　　　　　　侧剖面图

11 桂林风景建筑——水榭

建筑设计：桂林市建筑设计室
建设地点：中国桂林
建筑面积：230平方米
建设年代：1977年

外景

该水榭位于芳莲池西岸水中，平面呈"十"字形，主体"一"字形，平行驳岸设于水中。其造型吸取旱舫和民居的形式。建筑主体与岸之间用一桥廊相连。面湖一面伸出垂直于主体的亲水平台，作为游船码头。底层敞厅可供休息，设小卖部兼售船票。建筑局部设二层，人们可在上面眺望远景。北侧楼梯扩大为休息平台，设靠背椅以便停留。自码头平台算起，可有四个不同标高的活动场所，建筑虽小，但显得空间多变。底层净高2.8米。做小空间处理，加强"舫"的尺度感，其体形扁平，贴近水面，远看有飘浮游动之势。游人除可由岸上到达水边之外，也可涉水经莲叶汀步来到水榭。莲叶汀步为浅绿色，混凝土制，下有单柱支撑，直径1.5～3.0米不等，自由布置。考虑到午后建筑处在高山阴影之中，采用色彩明亮的饰面，可使其在灰暗的背景前比较突出，同时也增加了建筑的装饰意味。

全景

建筑手绘图

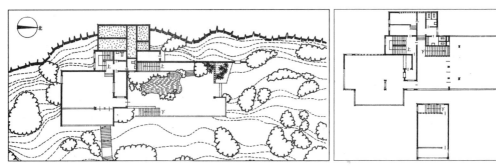

底层平面图　　　　　　　　　三层平面图

内景图

正立面图　　　　　　　剖面图

12 桂林风景建筑——芦笛岩接待室

建筑设计：桂林市建筑设计室
建设地点：中国桂林
建筑面积：750平方米
建设年代：1975年

建筑基址选在芳莲岭山腰陡坡（约40°）上。底层建筑标高与洞口建筑齐平，由洞口到此不需登高。建筑总长约37米，主体两层，其屋脊平行等高线，局部3层，其屋脊垂直等高线，两个屋脊垂直交叉，这就决定了建筑的基本构图。每层各设一个接待室，有大、中、小之分，可以同时接待三批来宾。一、二层各设一个敞厅，可供群众游览品茶。基址原有外露的山岩都原样保留，穿插在建筑底层一带，好像建筑架在岩石上面一般。这样处理不仅节约了土石方工程，而且将自然形态引入建筑内部，使自然材料变成建筑空间的有机组成部分。在底层敞厅上面暗装水管，石下做自然式水池模拟山泉、山池，进一步丰富厅内的自然景观。登临建筑向前方放眼观看，可见一片开阔的湖山田园景色，左前方与洞口建筑互为对景，右下方可见水榭、冰室，向后可近赏山坡上烂漫的山花，四周均有良好的视野。底层接待室向前挑出大阳台，增强了临空的感觉，二层大接待室的四面装设大玻璃窗，使周围自然景观尽收眼底。

全景

建筑手绘图

自莲叶汀步到水榭　　建筑远景

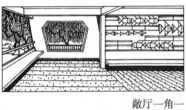
敞厅一角一

敞厅一角二

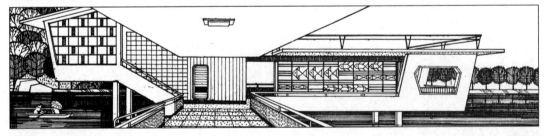
自连廊内看水榭　　　　　　　　　　　　内景图

正立面图

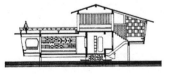
剖面图

侧立面图

13 郑州工业大学科技报告厅

建筑设计：顾馥保
建设地点：中国郑州
建筑面积：780平方米
建设年代：1980年

坐落于教学区（今郑州大学北区）内的报告厅，位于以中轴对称布局的第二院落中。主要入口西向，通过室外台阶、门廊进入报告厅。报告厅座席以台阶式排列，可容纳约400人。报告厅前侧设八字墙，保证了良好的视听效果。南北两侧设迴廊，可供小型展览、休息、交流，增加了空间层次感。造型上西立面西门廊间饰以钢筋混凝土花格墙，迴廊悬挑。东立面体块的对比使建筑轻盈而富现代感。结合室外环境绿化，台阶、广场的铺装丰富了校园的文化气息。

外景

全景

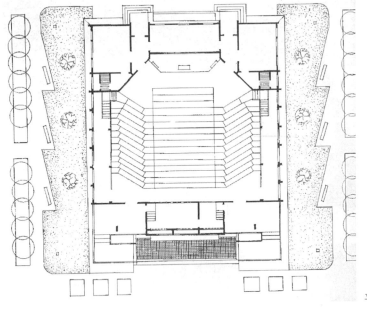

平面图

内景

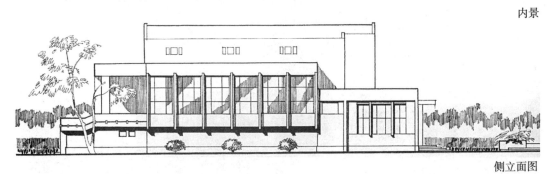

侧立面图

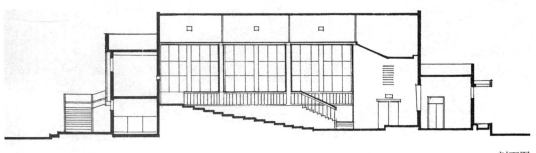

剖面图

14 香港公厕——兴发街

建筑设计：K. W. 张赛洛
建设地点：中国香港
建筑面积：780平方米
建设年代：1983年

建筑一改当地公厕给予人们阴暗不洁的形象，摆脱了传统的固有模式，在设计中渗入可反映城市特色及魅力的元素，表现出某一特定时空的特色，通过较好的环境及空间处理使公厕的使用者更为自律。

该设计曾获香港建筑师学会会长杯奖。获奖评述中写道："此基地提出了新一代公厕的原型样式，并意图在一个传统上应该是隐秘封闭的空间中，寻找开放的极限。"

此项目原意是作为日后本地公厕的一个样板。但建筑师并不认为这是唯一可行的答案，宁愿是作为改善公共环境及倡议社会性归属感的一个踏脚石。

外景

全景

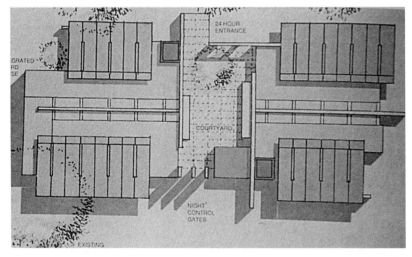

总平面图

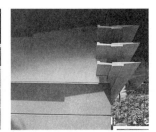

内景一

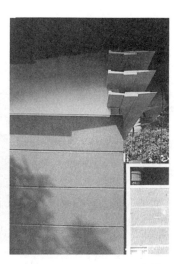

内景二

15 香港公厕——联和墟公园

建筑设计：香港特别行政区建筑署
建设地点：中国香港
建筑面积：780平方米
建设年代：2003年

在人烟稠密的居住区绿地之中，设计师设立了一座融入环境之中的公厕，公厕布置多向入口，便于使用，通过几片墙区分开不同的空间（如门球场、机房、管理用房等）。钢架屏风、簷篷和栽种的竹林遮掩了公厕的入口，简洁的材料搭配避免了华而不实的花巧，被授予2004年香港建筑学会会长奖。

外景之一

外景之二

外景之三

主立面

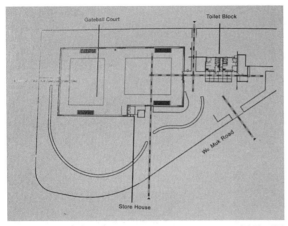
一层平面图

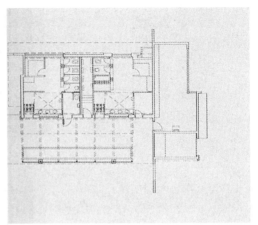
局部平面图

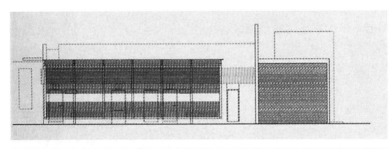
前立面图

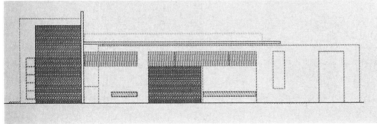
后立面围

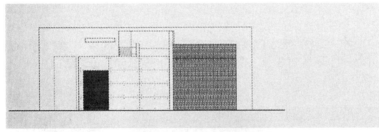
侧立面图

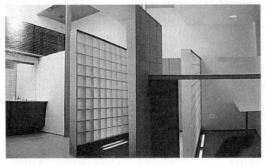
内景

外景之四

16 聂耳纪念园

建设地点：中国上海
建筑面积：780平方米
建设年代：1983年

为纪念杰出的革命音乐家、中华人民共和国国歌的曲作者聂耳，政府在上海市淮海西路、乌鲁木齐路转角的三角地带，修建了这座纪念园。基地几近等腰三角形，短边为40米，长边约70米，西北角已有一座泵房建筑。作者曾对中轴对称与非对称两个不同方案进行比较，中标方案首先以纪念性建筑的思想性为重，将"缅怀先烈，教育后人"摆在首位，总体布局、空间构成、塑像、围墙等处理得到了完整的统一。

该案体现了纪念性建筑的方向性与强烈的导向性，展现出预示——期待——高潮的节奏感。逶迤的道路从窄到宽，象征"把我们的血肉筑成新的长城"，表达了中国革命经历艰难、曲折，最终取得伟大胜利的革命进程。道路两旁每隔一段距离设置座椅，时高时低，时起时伏，通过一定的长度而获得纵深感，以期待、烘托高潮。

在空间序列上，入口的矮墙镶有篆刻着聂耳生平简历的铜牌，引导人们从断续的、两侧遍植绿树的通道到达圆形开放广场，最后进入以弧形景墙围合陪衬的设置聂耳全身塑像的空间达到高潮。

通过纪念园的设计手法，如各要素大小尺度、开合、高低、明暗的变化，以及要素间对比、显示、烘托的关系，设计师利用各个景园要素，如座椅、绿化、景墙材质来突出纪念园的主题——聂耳塑像，使特定的环境中，感情得以随之升华。

聂耳塑像高仅3米，连基座不到5米，塑像造型奋臂高举作指挥状，引吭高歌，形象生动，富有朝气。纪念雕塑系著名雕塑家张充仁作品。

弧形景墙上，采用阴刻手法将《义勇军进行曲》乐谱片段刻于其上，随景墙隐藏的录音机每逢重要节假日及纪念日，聂耳作品的乐声便起伏奏响，使纪念性更显突出。

聂耳先生雕塑

外景

鸟瞰图

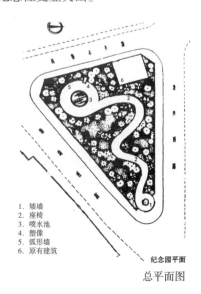

1. 矮墙
2. 座椅
3. 喷水池
4. 塑像
5. 弧形墙
6. 原有建筑

纪念园平面
总平面图

17 方塔园

建筑设计：冯纪忠
建设地点：中国上海
建设年代：1983年

建筑手绘图

"近海浮图三十六，怎知方塔最玲珑"。坐落在原上海松江区的方塔，笃悠悠走过了九百年，昔日古华亭熙熙攘攘的闹市中心，今日成为一处浓缩历史文化悠然静谧的胜景——方塔园。

园林的总体规划、东大门以及何陋轩是同济大学建筑学院冯纪忠教授的手笔。

东大门是以入口门廊、售票亭、管理用房等空间组成的坡顶小青瓦民居风格建筑。在功能上层次清晰，造型上，主体高低双坡屋面被轻盈的钢架所支撑，灵巧通透，显示了江南的地域性文化特色。

东大门外景一

东大门外景二

东大门全景

何陋轩选址在三面小溪环绕着的小岛上。其面向南侧设平台，扩大了轩亭的室外休闲、眺望的茶座空间。设计者受唐代大诗人刘禹锡"陋室铭"的启发，通过微弧带方孔的砖墙，以浓阴密布的小道抵达开敞的庭轩，曲径通幽、豁然开朗，成为一处拥有历史风韵，又具现代公园气息的公共空间，体现了江南园林的空间意境。何陋轩以竹柱、竹梁架组合而成的开敞空间，高达7米，长16.8米，宽14.55米，总建筑面积510平方米。弯屋脊的四坡顶，覆以茅草的盖顶与四周竹景相互交融，浑然天成，构造新颖，精致而具创造性。该建筑曾在南斯拉夫"世界50知名建筑师作品展览会"上展出并作重点介绍。1999年该建筑荣获"上海市建国五十周年经典建筑"铜奖。

何陋轩外景一

何陋轩外景二

何陋轩外景三

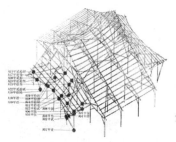
何陋轩屋顶结构图

何陋轩剖面图

何陋轩内景

何陋轩全景

18 "九·一八"事变残历纪念碑

建筑设计：辽宁省建筑设计院
建设地点：中国沈阳
建筑面积：850平方米
建设年代：1987年

外景

一座巨大的残破台历状碑体矗立在事变原址——沈阳市皇姑区柳条湖"九·一八"事变发生地。设计创意始由贺中林提出。

碑体高18米、宽32米，厚10米。两翼底面微微出挑，正面向上后倾，碑面为粗犷花岗石，上下略有收分，犹如一座倾危的城墙，碑体严峻，巍然屹立。

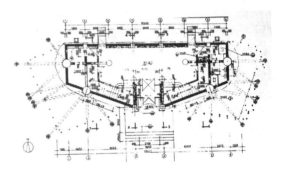

平面图

碑面镌刻日期定格在1931年9月18日，碑面记载："十时许，日军自爆南满铁路柳条湖路轨，反诬中国军队所为，遂借此攻打北大营，我东北军将士在不抵抗命令下撤退，国难降临。"

碑身弹痕累累，又似白骨之灵，控诉与揭露日本军阀主义发动的侵华战争。碑身内设为三个展示空间，以展示日军侵华史料。"前事不忘，后事之师"，建筑现为我国爱国主义教育基地之一。该设计荣获1994年辽宁省优秀工程设计一等奖，1995年辽宁省优秀建筑设计。

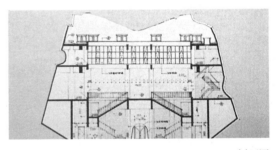

剖面图

全景

19 王学仲艺术研究所

建筑设计：彭一刚　邹德浓
建设地点：中国天津
建筑面积：850平方米
建设年代：1987年

外景一

王学仲系天津大学建筑学院美术教授、著名书法家，对促进中日文化交流作出了很大贡献。其友人捐资在天津大学教区西北狭窄的用地上修建了这座庭院式空间组合的建筑。它由著名建筑学院士彭一刚与邹德浓合作设计。

环形流线及多向的庭院布局，使建筑取得了闹中取静的效果。东、西侧的短廊组织了园中之园，丰富了空间的层次与对比。北楼为2层交易厅、展厅，北侧部分挑空，使展厅高敞，错落的坡顶搭接顺势、自然，具有北方地域性风格，达到了"中而不古，新而不洋"的效果。

外景二

全景

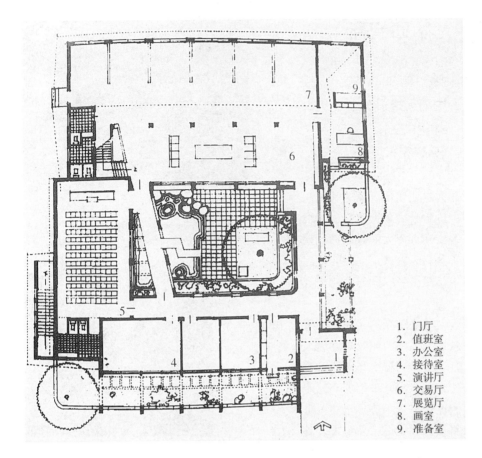

1. 门厅
2. 值班室
3. 办公室
4. 接待室
5. 演讲厅
6. 交易厅
7. 展览厅
8. 画室
9. 准备室

平面图

建筑手绘图

东立面图　　　　剖面图

20 周恩来纪念馆

建筑设计：齐康
建设地点：中国淮安
建筑面积：1918平方米（主馆）
建设年代：1992年

园区入口

　　为纪念周恩来总理伟大光辉的一生，纪念馆经总体规划，选择了一片荒芜的沼泽地，通过整治湖面，中央填土，形成纪念半岛，设置南北走向中心轴线，并布置纪念馆。纪念馆前后分主馆与附馆，主体建筑为四层，总高26米，附馆为两层，平面呈"人"字形。

　　主体的基本几何形为方形，台基上矗立4根17米高支撑履盖的方框，八角棱柱形主体穿插其中，形成方形的通透的切面，愈发显示四柱高耸的形象。入口的三角形大台阶，"既表现了一种扭转乾坤的力度，又在形式感上追求建筑的地方性、民族精神以及"永恒"这一主题的表达"。

　　主馆入口门框、门套采用了淮安地方民居符号。四层高的中庭式纪念大厅中，从顶面及观景平台直泻而下的自然光结合声、像、陈列等多种手法，聚焦在周总理的汉白玉坐像上。附馆作为水平维度上体块的衬托，在功能上作为主馆的补充，又突出丰富了空间的层次与主馆的形象。

　　建筑总体造型、内外空间层次、水面、绿化环境的细密处理都十分优秀，其运用现代建筑象征性造型手法，结合文化传承，力图向人们展示其深刻内涵及周总理伟人的品格与博大的胸怀，显示了周总理永远矗立在人民心中的光辉形象，是对民族精神以及"永恒"这一主题的表达。

纪念馆主馆全景

35

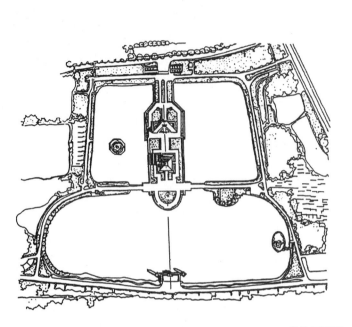
总体环境图

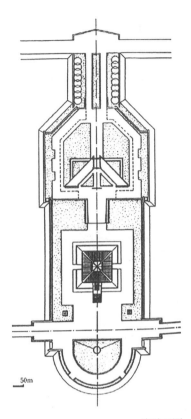
总平面图

鸟瞰

21 平度公园

建筑设计：彭一刚　聂兰生　邹德浓
建设地点：中国平度
建设年代：1993年

平度公园位于山东省平度市市区东北部，占地约7公顷。在总体布局上，建筑吸取北方皇家园林"集锦式"的方法，基于现代人游园活动的要求组织流线，设置景点10余处。其在形象与意境的创造上，还吸取了江南私家园林入口的空间处理，以求得小中见大，豁然开朗。公园融南、北两种建筑风格，推陈出新，反映了新时代、新园林、新风格的特色。公园结合景点设计了一些建筑与园林小品，如公园大门、倚玉轩、樊秩山庄、冯柱阁等。悬挑深檐的临渊坊、错接、穿梯游船码头以及多处景点建筑与小品在造型、色调、细部上均统一于白色梁架、柱式与天蓝色屋盖上，整体协调、朴素淡雅、清新宜人。

外景之一

外景之二

总平面图

外景之三

外景之四

22 邓丽君墓园

建筑设计：奚树祥
建设地点：中国台北
建设年代：1995年

邓丽君女士雕塑一

在台北市一处自然风光秀丽，绿树成荫，草地如茵，双侧临海的大型公墓中，邓丽君墓占地约500平方米。从选址、定位再到墓园布局，设计师放弃了轴线对称、廊屋墓厝、山灵后土的做法，力求以人格的物化，将她柔美的歌声和甜美的形象融于自然，达到天人合一的境界，"山高水深，茂草密林，化入自然，得聚藏之效"。

公共道路经过前沿广场，长达85米，通过步道，经过空间序列上的心理准备与期待后到达墓园的纪念广场。广场上设平卧的钢琴琴键雕塑，墓园入口设两座竖琴门墩造型以及小尺度的五线谱透空围栏。墓道北侧，以深绿色衬托真人比例的邓丽君雕塑，其立于80厘米高的花岗石基座上。墓碑造型简洁，在黑色大理石碑体上嵌白色的邓丽君侧面浮雕头像，下面注以1953~1995年字样。墓身上放置了一个白色大理石花圈，以示永恒的纪念。

墓地周围有疏密的灌木绿篱以及层层叠叠的坡地绿化。环顾墓道，北侧的大型景观石上书"筠园"两字，显示主题。墓园落成以来，来自世界各地的凭吊者络绎不绝，一代巨星长眠于此。

邓丽君女士雕塑二

墓园内景

邓丽君女士雕塑三

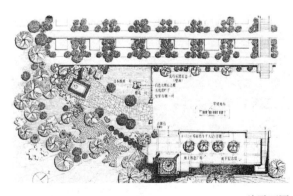

总平面图

水彩效果图

23 林州市红旗渠展览馆

建筑设计：顾馥保
建设地点：中国林州
建设面积：1000平方米
建设年代：2000年

狭长的基地受道路、山坡限定，将原有小展厅作为新馆的主入口并与横跨灌渠的主体建筑及两侧展厅相连，"化整为零"，通过廊道顺势相连形成整体。若干小庭院与中轴线上的灌渠组合，并通过坡顶的不同处理丰富了建筑的天际轮廓线，彰显出一丝新意。

外景之一

外景之二

外景之三

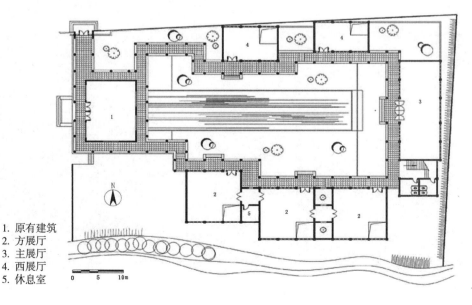

1. 原有建筑
2. 方展厅
3. 主展厅
4. 西展厅
5. 休息室

一层平面图

24 南阳理工学院国际会馆

建筑设计：顾馥保
建设地点：中国南阳
建设面积：1500平方米
建设年代：2001年

在校园西南角、城市道路交叉口地带的国际会馆是一座小型的集会议报告厅、展览厅、交流厅于一体的庭院式文化建筑。它由日本友人中辽先生捐资兴建。设计方案通过序列、穿插、切角、虚实、点眼等手法，把多种功能有序地组织在一起。

在造型上，南立面双向三角形体块有着精彩的穿插。报告厅东侧接待室处"点眼"构成的小庭院以及西侧转角的切角加强了虚实对比。外墙面的花色面砖对墙体、柱面处理以错列，色阶微差，在多体块组合中得到了多样统一。加之点缀的白色块面起到一定的点睛作用。内院各界面的处理，如螺旋楼梯、荷花池、小桥等起到了点景的作用。设计中对细节的关注，使这一小型会馆呈现出几分精致。

本设计曾荣获河南省优秀设计一等奖。

外景之一

外景之二

全景

内景

外景之三

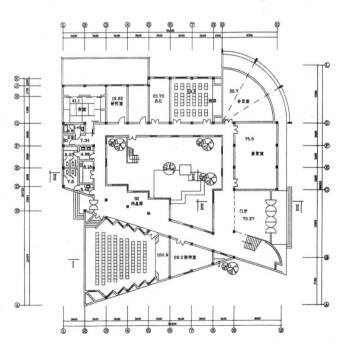

一层平面图

25 漯河公厕

建筑设计：顾馥保
建设地点：中国漯河
建设面积：甲型100平方米、乙型80平方米
建设年代：2001年

为改善城市公共卫生条件，迎接一年一度的全国食品节，漯河市环保局举行了公厕建筑设计方案竞赛，这是河南省第一次举行公厕设计竞赛活动。在两度征集参赛的百余个方案中，本案一举中标，并在城市不同地段，包括中心广场、街道节点、居住区等处修建了20~30处。公厕在方便群众出行，提升城市文明形象方面起到了重要的作用。

公厕设计在符合国家设计标准外，甲型方案采用单元式组合以适应不同地段、方位，灵活拼合，平面功能紧凑而具隐蔽性。其采用玻璃砖墙与高窗结合的手法，可以改善通风采光，使空间敞亮。建筑整体造型上标识清晰、色彩明快、新颖、简洁。

平面图（甲型）

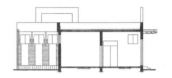

剖面图

建筑全景（甲型）

室外透视图（甲型）

全景（乙型）

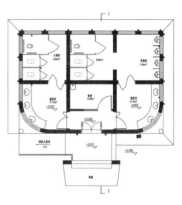

平面图（乙型）

1-1 剖面图

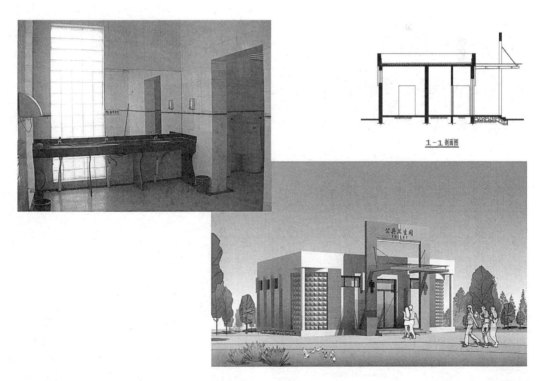

室内及设计图（乙型）

43

26 竹屋

建筑设计：隈研吾（日本）
建设地点：中国北京
建设年代：2002年

　　这幢属于"长城脚下的公社"所修建12所别墅之一的"竹屋"，选址在该场地狭小的山谷之上，共二层。第一层嵌入山谷之下，二层横跨山谷之上，隐于山林之中。长长的走廊，把居住功能里的起居、餐饮、卧室连在一起，公共部分空间互通、开放，使平面及外部造型舒适而开阔，又引入了山涧野趣的外部环境，体现着一丝的禅意。

　　建筑外部造型部分开敞，或落地长窗或采用细密包裹着若隐若现的、半虚半实的外墙，将建筑整体融入地形环境之中，浑然天成，展现出一幅落日时"鸟声乱溪水，缘溪路转深，幽兴何时已"的优美画卷。

竹屋建筑外景之一

竹屋建筑外景之二

竹屋建筑外景之三

竹屋建筑内景之一

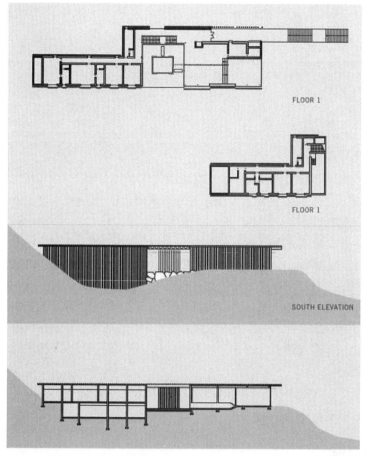

中国传统文化中，无论竹的形态、材料属性，还是从竹的象征，隐含的文化精神来看，尤其是后者所禀赋的民族品格与气节，不畏逆境、不惧艰辛、宁折不屈的精神，体现了竹子所特有的审美价值。这"竹屋"的创意表达了建筑师对中国传统文化的认知与敬意。

平、立面及剖面图

竹屋建筑内景之二

竹屋建筑内景之三

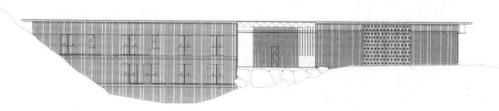

立面图

27 吴健雄纪念馆

建筑设计：高民权等
建设地点：中国南京
建设面积：2060平方米
建设年代：2002年

东南大学（原南京工学院）四牌楼校区中轴线中心广场西侧的基地上，增添了一条45°的斜轴，用于控制与相邻建筑、道路、校园空间的相互关系。建筑平面以1/4圆形的入口、中庭与"T"字形的体块相拼接，形态整合贴切、完整。

纪念馆共地上四层，地下一层，一至三层围合中庭为展厅，四层为办公研究用房，地下一层设200座演讲厅、珍品保管及设备用房。在三层中庭悬吊着钢结构玻璃楼面的展廊，由屋架钢梁吊挂，轻盈地贯通各层楼面，适宜的尺度又无碍于空间的敞亮。

中庭上空依斜轴方向放置玻侧顶盖，相贯而下的竖向幕墙与入口门斗穿插其间。天空阳光直射在中庭吴健雄先生的座像（雕塑家吴为山作）之上，肃穆庄重。入口弧墙、正面条状玻璃幕墙与花岗石干挂墙面的处理显示了强烈的虚实对比，块面的划分、细节的刻画以及池水的衬托，无一不是体现了设计师的匠心。

这一方案是在征集的七个方案中选出的，当代建筑大师贝聿铭先生评价"这个方案很好"。该项目由东南大学建筑设计院协同完成。

外景

内景一

内景二

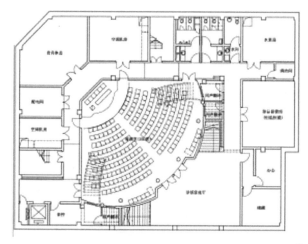

负一层平面图

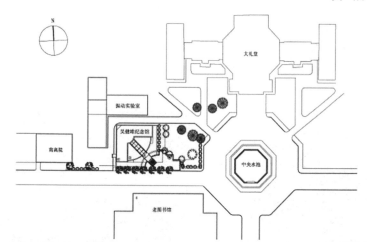

总平面图

外景

28 西华停车区

建设地点：中国周口
建设面积：2060平方米
建设年代：2008年

本项目位于高速公路大（大庆）光（广州）线河南西华段，甲方要求打破传统坡顶形成，以现代材料建造。本案具时代风格的造型，平面为"一"字型，以间隔式划分各部分使用要求，公共卫生间以庭院连廊连接餐饮与超市，立面采用柱廊波浪形网架造型，以体现轻盈现代的设计风格。

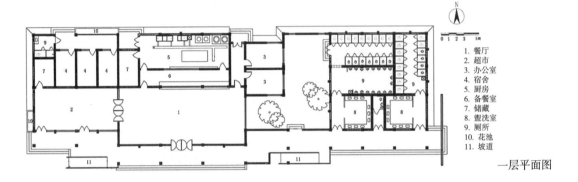

1. 餐厅
2. 超市
3. 办公室
4. 宿舍
5. 厨房
6. 备餐室
7. 储藏
8. 盥洗室
9. 厕所
10. 花池
11. 坡道

一层平面图

外景之一

外景之二

全景

29 郑州市公安派出所

建筑设计：北京高能博设计公司
建设地点：中国郑州
建设面积：1852平方米

在城市新区建设，旧城改建的快速发展中，郑州市举办了一次派出所建筑的设计竞赛，在众多的投标方案中本方案中标，并在各区陆续修建。

这一方案设计具有通用性的要求，即如何适应若干种不同基地的需要，同时在平面功能完善的基础上可适当调整组合，同时具有统一的标识性与鲜明的识别性。

建筑在功能上以公共服务大厅，内部办公用房为两个主要单元，可调整方位进行组合，适应地段情况。方形的大厅平面被两侧前廊切割成三角形的服务空间，结合主楼梯玻璃方盒冲出廊顶，与大厅的斜坡顶结合，形成了具有标识性的造型，加之醒目的蓝色标识带和白色面墙，简洁、清晰的体块在街区绿化的衬托中，既能清晰辨认，又点缀了街区。

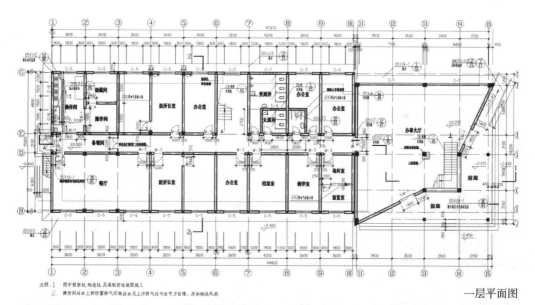

一层平面图

外景之一

外景之二

30 探香阁餐厅

建筑设计：张斌　等
建设地点：中国上海
建设面积：503平方米

建筑摆脱了传统临水岸的水榭作法，以抽象的五个体块，采用斜置、倒置、倾临水面的现代构成处理手法。朝东水面的中间四个筒体，其中两个向下倾斜探向水面，两个相向上伸向空中，呈背向对比状，各体块围合成向水面开口的下沉庭院，又相互贯通连成一体，作为餐厅使用。

几个筒体由墙或柱子架空托起，有的室内地平相应作了台阶的处理。这种基于有序"四合院"组合作无序抽离的探索，将会给游人留下不同的空间体验。

外景之一

外景之二

全景

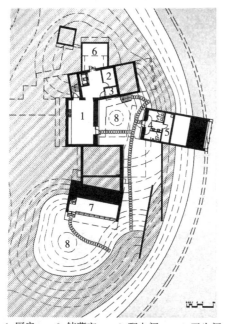
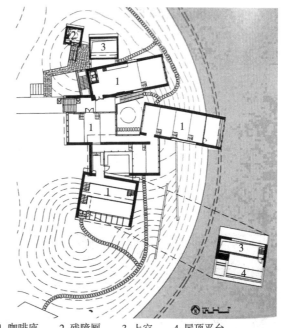

1. 厨房　2. 储藏室　3. 配电间　4. 卫生间
5. 杂物间　6. 设备平台　7. 餐厅　8. 庭院

1. 咖啡座　2. 残障厕　3. 上空　4. 屋顶平台

平面图

西立面图

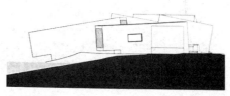

北立面图

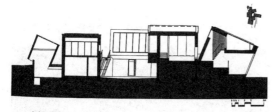

C-C 剖面图

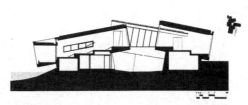

I-I 剖面图

立面及剖面图

51

31 某国际滑雪场改造

建筑设计：王祥龙
建设地点：中国北京
建设面积：2000平方米
建设年代：2007年

本项目以虚实不同、大小各异的三角形块面构成，实面的尖端直接交汇于地面的构成方式形成强烈的对比与节奏，舒展而灵动。作者的构思表达了人工与自然的对比，外墙面的微微倾斜与三角面都是场所的呼唤与对场地的回应，并追求着室内外空间的连续性。

内景

外景之一

外景之二

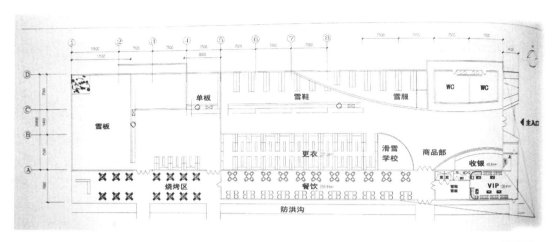

平面图

全景之一

全景之二

32 四川民居（夯土建筑）

建筑设计：万丽
建设地点：中国攀枝花
建设面积：2000平方米
建设年代：2010年

我国四川攀枝花曾发生过6.1级地震，毁坏严重。在桥被冲走的情况下，救援施工人员无法趟水过河运砖和水泥。援建的建筑师们调研发现，利用当地传承的建筑技术、材料和方法，把危房里的土坯砖打碎，重新回收材料，再不断实践研究沙、石、纤维的配比，可以解决施工的问题。建筑师们以新的夯土技术在短短4个月时间内，把村里33处民房重建完工。这种新型的土坯墙若干年后若拆除，其材料可还回耕地而不污染环境。

这一新型的夯土建筑以全尺寸模型在昆明理工大学进行抗震实测，其第一层可以抵御九级地震，第二层可抵御八级地震。其在低成本、高抗震、就地取材、就地改造的做法，深得各方点赞。

该项目荣获2016年"联合国夯土建筑奖"、联合国教科文组织"文物古迹保护奖"。

外景之一

外景之二

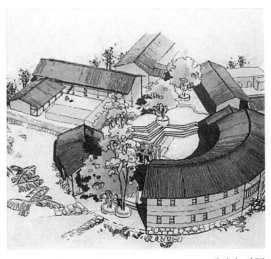

手绘鸟瞰图

内景之一

内景之二

内景之三

全景

33 桥上教室

建筑设计：李晓东
建设地点：中国漳州
建设面积：200平方米
建设年代：2008年

本案是在福建客家民居群的村落溪流上架起的一座桥上教室。其以错位的走廊及中部休息室（兼作图书室）连通着两岸，又发挥了"桥"的作用。据传说两岸土楼的家族是"鸡犬相间、不相往来"。自有了教室，双方逐渐成了和谐相处的邻居。

在布局上，一间教室为阶梯状平面，有利于学生视听，在造型上，本案有微微倾斜的屋面，两岸入口作不同的处理，书屋外侧表面以细密的桉树木条围合如络纱一般，既是隔断，又能透景、通风，另一侧为连续折页窗，适应了南方的气候特点。钢结构工期短，施工相对简捷，一旦拆建，旧料尚可利用。旋转的木门、推拉门等细节的推敲独具匠心。

该建筑设计荣获2008~2010年度阿卡汗建筑大奖。

外景之一

外景之二

外景之三

外景之四

外景之五

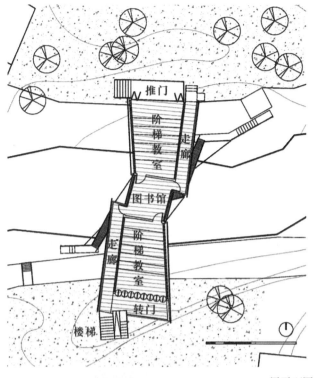

外景之六

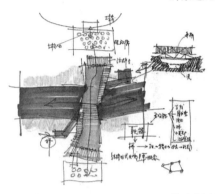

一层平面图　　　　　　　　　　构思草图

内景之一　　　　　　　　　　　内景之二

建筑底部廊桥　　　　　　　　　内景之三

34 瞬间城市

建筑设计：董功
建设地点：中国合肥
建设面积：900平方米
建设年代：2009年

一条狭长的基地，通过向内敞开一面的立方体，看似无序的排列组合成条式展示厅，并形成形态不一的外部空间。六个不同主题的院落表达了作者创作的主旨，以使各个院落成为与城市视觉联络的媒介。院落的格局、朝向成为内部空间起承转合的序列，一天中阳光投射至室内的时间与季节的变化留下了瞬间的体验、印象与记忆。建筑打破了沿袭的砖混结构，采用轻型钢结构，使建筑增添了轻盈感与几许新意。

模型照片

外景之一

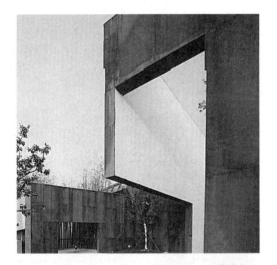

外景之二

外景之三

外景之四

外景之五   外景之六

内景之一

内景之二   内景之三

35 金陶村村民活动室

建筑设计：祝晓峰 等
建设地点：中国上海
建设年代：2010年

项目位于两个自然村的连接处，空间环境开阔，有聚合焦点的场所感。六边形的平面，六片放射形的墙体划分为六个空间，并围合一个天井，其中三间为活动室、茶室以及面向谷场的小舞台；另外三个半室外空间朝向各异，成为村民休闲、纳凉和聊天聚会的场所。建筑上有形、无形的传统元素、集雨水的南方传统天井、密集图案的木质隔断窗扇、清水青砖墙、小青瓦坡顶，无不显示与探索地域性江南的气质。

外景之一

外景之二

总平面图

全景

东立面图

西立面图

立面图

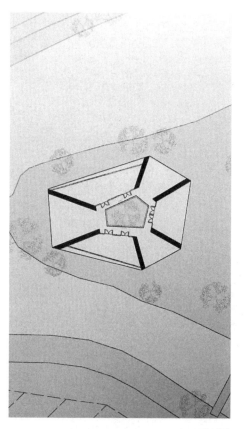

平面图

外景之三

模型照片

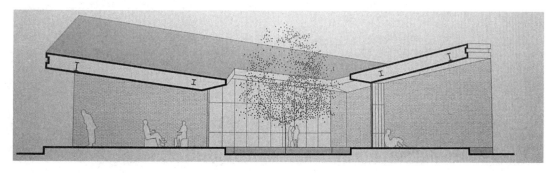

剖透视图

36 朱家角人文艺术馆

建筑设计：祝晓峰　等
建设地点：中国上海
建设面积：1448平方米
建设年代：2010年

朱家角是上海著名古镇之一。本案位于古镇入口处。艺术馆东邻两棵高达470年树龄的银杏树。在近似方整的平面上，各功能性用房围绕二层高的中庭进行组合，二层展厅之间留出水院、平台，传承了古典园林借景、对景的手法。二层的水院水平如镜，将广场的银杏倒影吸纳在水面上。在二层平台眺望古镇，鳞次栉比的小青瓦屋面错落有致，小镇肌理突显，深深留在了参访者心中。

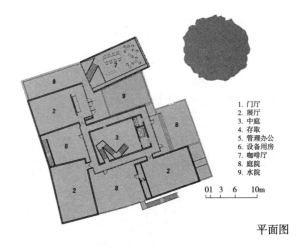

1. 门厅
2. 展厅
3. 中庭
4. 存取
5. 管理办公
6. 设备用房
7. 咖啡厅
8. 庭院
9. 水院

平面图

外景之一

外景之二

内景之一

内景之二

外景之三

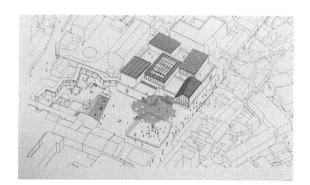

轴测图

外景之四

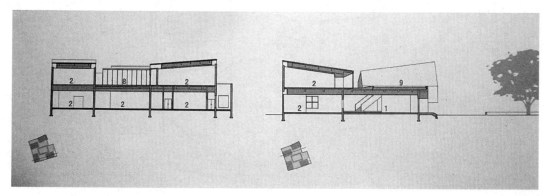

剖面图

37 高黎贡手工造纸博物馆

建筑设计：华黎 等
建设地点：中国腾冲
建设面积：361平方米
建设年代：2010年

本案是由六个小体量体块组成，屋顶坡向形态各异，围绕中心庭院排布。流线的布局让人们在间隙的时空中，在参观内部展览与欣赏外部优美的田园景观之间不断转换，得到一种连续的体验。

传统院落中轴上坐落的茶室、二层的办公室、三层的客房以及屋面的观景平台，层次分明，虚实错落。建筑使用松木、竹子等低能耗、可降解的自然材料，色彩、工艺、细节处理不仅在造型上得到协调统一，而且适应了当地气候，由当地工匠操刀完成，使地域传统资源、文化得以保护和发展，积累了很好的经验。

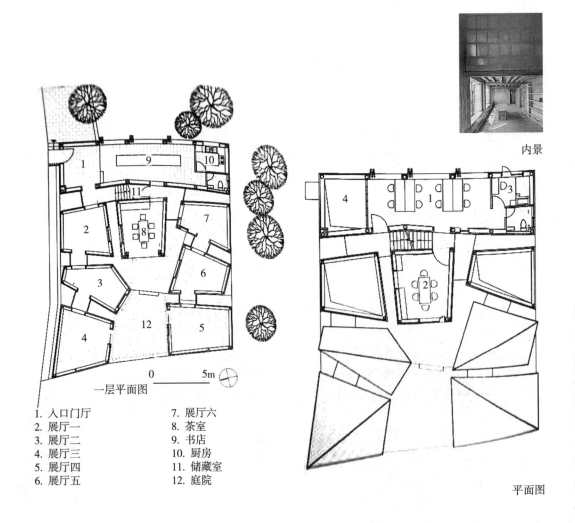

内景

一层平面图

1. 入口门厅
2. 展厅一
3. 展厅二
4. 展厅三
5. 展厅四
6. 展厅五
7. 展厅六
8. 茶室
9. 书店
10. 厨房
11. 储藏室
12. 庭院

平面图

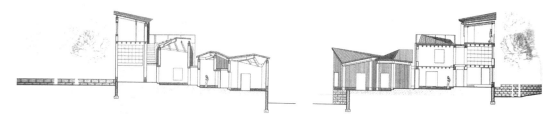

剖面图

外景之一

外景之二

38 商务区中心的销售中心

建筑设计：JWDA骏地设计
建设地点：中国上海
建设面积：1900平方米
建设年代：2014年

在81.24万平方米的虹桥商务区中，"销售中心"真可谓沧海一粟。建筑的群体布局、规划设计以"海潮、莲花"为主题，以象征若干巨大的"莲花"飘浮在激荡起伏的景观设计之中。中心已先期建成，以独特的标志性和展示性突显在群体之中。多层由低向高、往前的弧线交合，产生了前冲的动感。这一"新式"的动感造型手法自21世纪以来不时出现在一些城市中。

外景之一

内景之一

外景之二

内景之二

内景之三

全景

67

39 绿轴翡翠文化馆

建设地点：中国温州
建设面积：1753平方米
建设年代：2018年

本案紧邻温州市政府世纪广场城市中轴，背靠居住小区，面向广场及绿意葱茏的绿轴公园。建筑创作构思为"文章可纳山水于纸张之间，建筑则以寄情山水于身临其境。"从场地的实际出发，以雕塑感的形态和具有场所感的特有界面，吸引人们的关注，发挥其特有的地标效应。

建筑如一只俯冲的纸鸢，双翅紧收，残影从翼端连向尾尖。界面的强烈虚实对比、点景的组合与衬托、柔化的水面增添了内外空间的渗透与交融。

建筑内部无隔断，为流动空间。中央大厅跨度达17~21米，混凝土结构与幕墙结合的体系内外沟通，将作为城市客厅与环境的对话。建筑为场所精神的复兴赢得新的认同感，实现了设计创意的初衷。

外景之一

外景之二

外景之三

外景之四

外景之五

内景

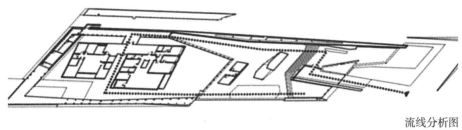

流线分析图

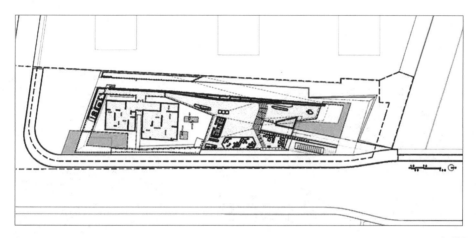

平面图

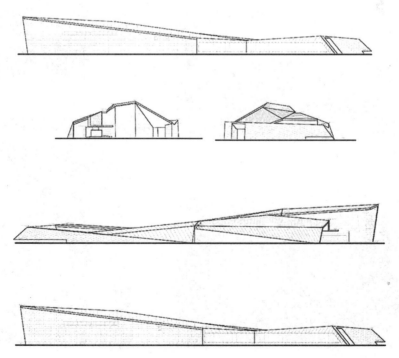

立面图

40 欢乐海岸旅游指导中心

建设地点：中国深圳

欢乐海岸是深圳市在21世纪新建的集餐饮、旅游、购物、文化娱乐于一体的场所。旅游指导中心不仅处于海岸中心的重要位置，而且有着强烈的标识性与造型的唯一性，以增强场地的独特性。配合着指导中心的广场还矗立着中国红的蘑菇装置艺术，更增添了该地区的场所效应。

指导中心似尖塔的造型，以"自然生长的建筑"为理念，以无序的斜线切割三角形玻璃格与实墙的对比来突显入口方向的聚合。内部空间相互连通、穿插，高低层次错落，接待、展示布置统一协调，别具新意。

外景之一

内景之一

外景之二

内景之二

外景之三

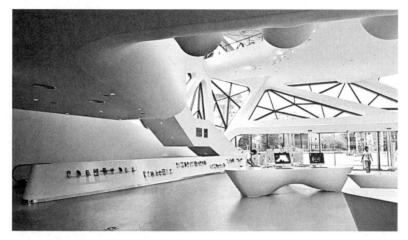

内景之三

内景之四

外景之四

41 海之梦

建筑设计：齐康
建设地点：中国长乐
建设年代：1988年

以海滩边俯拾即是的海蚌与海螺为原型，将高出基面的风母礁为基座，聚巧形而展示，由一个高耸的螺（塔）和一个舒展的蚌（厅）集成的印象顺自然基地之势，又体现了建筑的自身特点。它似海螺静卧岩石之上，好像从海中生长出来。螺与蚌一高一低、一竖一横、一张一弛形成鲜明的对比。

它融入环境，建筑与环境相互契合是方案成功的立足点或创作的切入点，使建筑极富生命力的动势成为海滨假村的重要标志，彰显其作为地区公共建筑的突出形象，提升了地段的景观价值，被誉为"地域性建筑文化"的作品之一。

外景之一

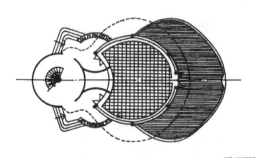

平面图

外景之二

全景

42 尚村竹篷乡堂

建筑设计：宋晔皓　宋菁华
建设地点：中国宣城

本案是在传统村落保护与发展工作中，一处村民参与公共场所营造所完成的建筑。它以"村民自治，乡贤带动"为核心的指导原则，以多学科交叉的工作模式，为竹篷乡的建设作出了建设性有益的探索。项目把废弃的其他院落改造再利用，成了村民自用和接待游客的厅堂，在紧凑布局、民居密布的村落，确立了营造原则：古料新用、就地取材、变房为院、邻里互通、尊重肌理、适当加固、结竹为伞、融入自然，结合现代生活开发一处公共开放空间。

建筑材料选用当地盛产的毛竹，以单元化组合，传统工艺与新结构相结合，在短时间内完成了大空间的营建。此外项目保留了老宅中带有或隐或显的符号性门头、台基、明沟等，调整了内、外功能性的要求，以充分发挥公共场所的多种需要。

建筑创造性地采用竹伞结构与圆拱乌篷的组合，每一单元为5米×5米，尺度与传统民房进深相近似，以融入传统民居的屋盖肌理之中。伞骨柱由中心的四根粗竹与外围的20根细竹固定成一个整体，每个伞骨柱对应一个混凝土柱基础，并通过多种构造措施加强节点，提高了伞柱结构的整体性。拱形的交接、排水、天沟作了细致的处理。

在传统村落的改造与发展实践中，竹篷乡堂的建设，在传承与创新、扎根本土、村民参与、就地取材、单元装配、易建易拆、新旧材料与工艺的结合、公共活动社区功能拓展等多方面提供了一次可持续发展实践的宝贵经验。

室内竹结构局部之一

室内竹结构局部之二

外景之一

外景之二

室内竹构局部之三　　　　　　　　　　　　　平面图

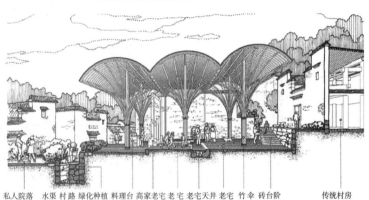

私人院落　水渠　村路　绿化种植　料理台　高家老宅　老宅　老宅天井　老宅　竹伞　砖台阶　　　传统村房
　　　　　　坡道　　　　　　　　　　　　　门头　天井　排水沟　柱础　单元

剖透视图

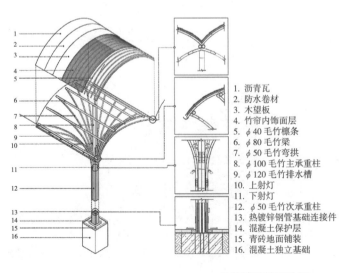

1. 沥青瓦
2. 防水卷材
3. 木望板
4. 竹帘内饰面层
5. φ40毛竹檩条
6. φ80毛竹梁
7. φ50毛竹弯拱
8. φ100毛竹主承重柱
9. φ120毛竹排水槽
10. 上射灯
11. 下射灯
12. φ50毛竹次承重柱
13. 热镀锌钢管基础连接件
14. 混凝土保护层
15. 青砖地面铺装
16. 混凝土独立基础

竹构建造轴测分析

外景之三

43 沙丘美术馆

建筑设计：李虎　黄文青
建设地点：中国秦皇岛
建设面积：930平方米
建设年代：2018年

　　在河北昌黎县被称作黄金海岸的沙滩上，沙土层下隐藏着一座洞穴式美术馆。美术馆的设计构思基础有以下三个方面：

　　1. 作者出于对自然的敬畏，面对海、天空、沙滩融为一体的自然景色，力求建筑尽可能减少对基地海滨沙土层脆弱的生态环境的破坏性影响，直觉地寻求对建筑的庇护，把建筑隐藏于地下作为切入点。

　　2. 受少时年幼儿童爱好沙坑上嬉戏行为的启发，挖掘出形态各异的洞穴又掩埋的动作，串联起空间的构想与创意。

　　3. 在空间序列上，通过非规限的几何形态，通过三维复杂的曲面壳体的洞穴、不同的尺度、不同的采光口、不同的投射方式，通过自然光的明暗、强弱而产生的期待，深沉、明朗而舒展的心理情绪释放，成了创作的立足点。

　　幽暗的隧道似的入口、接待厅、中央大厅以及不同的展览空间各不相同，有的设置螺旋梯通向平台口，或直达面向大海、视线敞开着的咖啡厅、休息区。在远处白色波涛与蓝天的映衬下，感受着洞穴对海洋带来冲击与漂泊的抵抗，在坚实的壳体里更显得一份沉静与安全感。选型与空间的奇特与不同氛围，激发人们的丰富联想，它象征什么、隐喻什么似乎都无关紧要，这恐怕也是建筑的另一种功能吧！

海滩上的孔洞夜景

全景

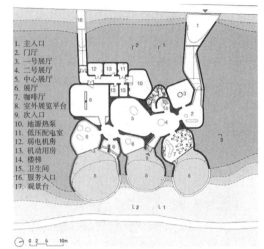

1. 主入口
2. 门厅
3. 一号展厅
4. 二号展厅
5. 中心展厅
6. 展厅
7. 咖啡厅
8. 室外展览平台
9. 次入口
10. 地源热泵
11. 低压配电室
12. 弱电机房
13. 机动用房
14. 楼梯
15. 卫生间
16. 服务入口
17. 观景台

总平面图

内景之一

内景之二

内景之三

▲ 1–1 剖面

1. 室外展览平台
2. 次入口
3. 展厅
4. 楼梯
5. 观景台
6. 卫生间

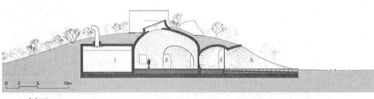

▲ 2–2 剖面

1. 地源热泵
2. 展厅
3. 次入口
4. 咖啡厅
5. 室外展览平台

▲ 3–3 剖面

剖面图

44 荷堂美术馆

建筑设计：杨志疆　等
建设地点：中国张家界
建设面积：1000平方米
建设年代：2012年

这是一项新建的"改造项目"，原址为四层坡顶的仓库建筑。在21米×15米的简单立方形内的主体框架完成后，其完全改变使用功能，变为了一座美术馆。

基于基本形态、主体结构所确立的制约条件，建筑师调动其内部功能、流线、展示、储存等要求，从单一体块的"面"的处理上显示展览建筑的风格与个性。入口竖起片状通道引入，强化入口。封闭的墙体上开大小孔洞，砌体厚度变化的立龛放置户外石雕，给予展馆第一印象。整体墙面线的横竖、大小分割、窗户的排列、虚实、形状的对比，统一在砖砌块的单一体块上。现代构成线、面的分割，分块得体，增添了现代艺术的重量。

全景

外景之一

一层平面图　改造的一层平面图

二层平面图　改造的二层平面图

四层平面图　改造的四层平面图

平面图

总平面图

外景之二

45 玉湖完小

建筑设计：李晓东
建设地点：中国丽江
建设年代：2007年

在传统村落中，镶嵌着一座适应高差地形，采用乡土材料为主，具有地域性风格的小学校。它以卵石和白色石灰沉积岩作为石墙与铺地，山墙木质隔栅的处理也传承了部分基本乡土建筑元素。灰色砖瓦的坡顶、庭廊的空间组合别具特色。在水池的庭院空间点缀了方形旋梯，使空间有序、连贯而有变化。

这座以经济、自然资源、环境保护与融合为立足点的乡土建筑，基于以山为骨，以水为魂的纳西文化，为世界文化遗产所在地提供了一处可持续发展的优秀选例。

外景之一

外景之二

内景之二

内景之一

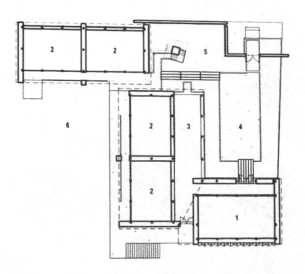

1.博物馆 2.教室 3.展廊 4.社区院落 5.湖 6.学校院落

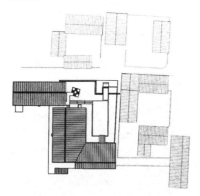

总平面图

一层平面图

46 南山婚姻登记中心

建筑设计：孟岩　等
建设地点：中国深圳
建设面积：775平方米
建设年代：2011年

　　婚姻登记中心是人生留存美好记忆的场所。南山婚姻登记中心作为政府机构，改变了刻板、平淡、程式化的形象，而创造了纪录新婚夫妇及其亲友们美好回忆与生活体验的新方式，提升了婚姻完美和谐的神圣感，强化了仪式感，同时使得位于街角的建筑主体，成为一处具有象征性的标志。在南山区荔景公园的东北角，长约100米，宽约50米的基地把建筑主体推向北端。水面浮桥横卧于基地上与南端的凉亭广场相联系。入口—斜穿的小径—接待—登记—领证—斜坡回程，在舒缓、优美的空间序列与体验中，新人与亲友们留下了深切美好的记忆。

　　建筑内部空间融合了以功能需要的程序性小空间和流动性的公共空间，通过"挑空""边庭""镂空"丰富了空间层次。外墙饰以铝合金的细密花格和若隐若现的玻璃幕墙，室内外以白色为主调，表达了圣洁的氛围。

全景

外景之一

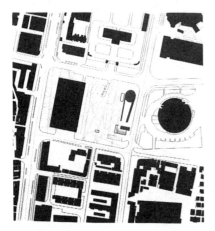

区位图

内景

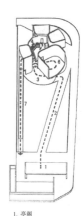

1. 亭阁
2. 小径
3. 接待处
4. 楼梯
5. 等候区
6. 公证堂
7. 斜坡道

移动分析图

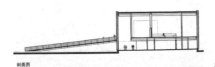

剖面图

模型制作

外景之二

47 隐卢莲舍

建筑设计：唐梵　等
建设地点：中国宜兴
建设面积：392平方米
建设年代：2016年

南乡镇农场丁蜀镇莲花荡建起了一座带有地域乡土风情的茶室。它选址在一处狭长的田地与水体的交界处，横向"一"字形排开三间茶室，一座敞院，三种意象。开口的院落内外空间通透，近观远望与山水同坐。不定时呼啸而过的高铁打破了田园的宁静，却增添了现代化的气息。

设计师结合当地材料、施工技术，将竹、木、陶土充分运用，并直接参与墙体施工，关注并悉心安排布置景观、室内装饰以及家具选择、器物摆设等。他们精心的创作态度反映了设计的无尽魅力。

全景

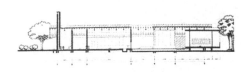

立面图　　　　　　　　　　　　　　剖面图

外景之一

外景之二

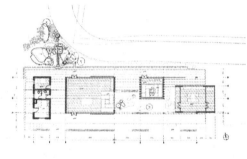

平面图

内景

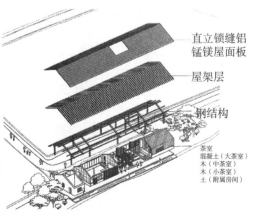

直立锁缝铝锰镁屋面板
屋架层
钢结构
茶室
混凝土（大茶室）
木（中茶室）
木（小茶室）
土（附属房间）

轴测图

48 拉达克雪山小筑

建筑设计：DRAA
建设地点：中国拉达克
建设年代：2015年

设计整体呈现出三个端部交叠的形态，每一端都朝向一处特定的景色。

在材料方面，该设计使用天然的林木作为内部饰面，采用外部烧焦的针叶树板作为通风立面的外部饰面，以增加绝缘性能，减少建筑上对化学品的使用。总而言之，这座住宅充分遵循了被动式的设计原则，以竖向感强烈的集中式布局。不但做到了良好的保温隔热性能，还与原始的山区景观相互融合。

外景之一

  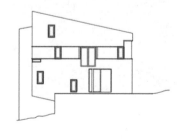

立面图

内景之一

外景之二

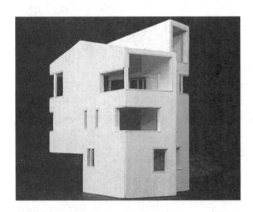
模型一

内景之二

模型二

模型三

49 三宝蓬艺术中心

建筑设计：刘阳　等
建设地点：中国景德镇
建设面积：1000平方米
建设年代：2015年

　　熟悉景德镇的都知道三宝村，这里风景不错，自古是加工瓷石的地方。本案基地就在村中的重要位置。近十年，这里变得有些像北京当年的798，自发聚集了上百位陶瓷艺术家建立工作室，所以这里便成了有山有水有实习生的地方。

　　这里的人们大都与陶瓷有关，甚至每年聚集来数万"景漂"。在这个有着世界上最好陶瓷匠人的地方，虽满怀"瓷心"，然几人成梦。这里"艺术家"多，"艺术品"和"艺术"展厅就更多，所以从一开始，建筑师的兴趣就不是只做一个摆瓷器的空间，而是关心瓷人以及他们的故事。

　　陶瓷创作最有魅力的地方是瓷跟人之间的，像是少男少女之间，有点试探的那种不直接的沟通，这尤其体现在经历窑火的"变身"过程中。它又有点像胶片摄影，观者把风景投影到胶片上靠的是想象，在充满期待的冲洗过程后，或惊喜或失望，也恰恰是这种慢慢等待后的不确定，才有了在按快门那一刻的尊重和敬意。摄影师跟照片，瓷人跟瓷也许是在谈恋爱吧。

　　而建筑也可以与人谈场恋爱，建立这种空间场所与人的互动关系，是情感上的，也会转化到行为上。

外景之一

内景之一

内景之二

外景之二

内景之三

外景之三

外景之四

国外篇

50 鲁比住宅

建筑设计：弗兰克·劳埃德·赖特（美）
建设地点：美国芝加哥
建设年代：1909年

本案作为赖特开创的"草原式"住宅的典型代表作而载入史册。它位于美国芝加哥的栎树园。设计首先是打破了美国早期传统的殖民地式住宅的布局、造型、风格，摆脱了严谨、均衡、对称封闭的构图与内部空间单调的束缚。在他设计的几百幢住宅、别墅中，表现出了一种新的特质，包括：

1. 房屋应该"自然地生长，对于自然环境尊重与保护，使之协调与和谐"；
2. 以窗台、勒脚、压顶等水平线条的墙体划分产生舒展、沉稳的美；
3. 以"房屋的自身形体、比例和材料的自然本色体现美"；
4. 在内部空间上打破封闭与沉闷的气氛，从现代生活出发组织流线，强调空间的开敞、流通以及内外空间的通透性等；
5. 运用与传承建筑构图手法中的对比、节奏、主次等加以创造性地发挥，自成一格。如连续成排的窗、深深的挑檐与缓坡屋顶等。

外景之一

外景之二

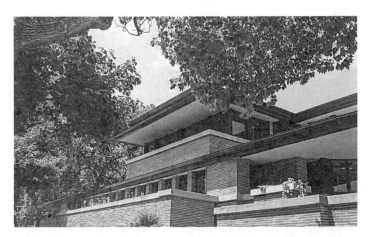

外景之三

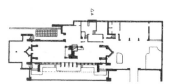

底层平面图

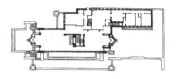

上层平面图

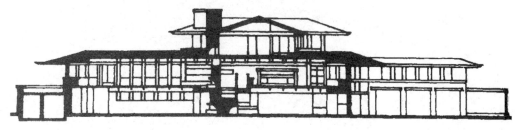

剖面图

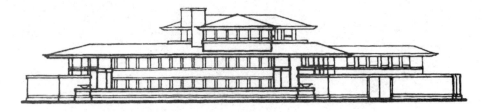

立面图

51 爱因斯坦天文台

建筑设计：艾利克·门德尔松（德）
建设地点：德国波茨坦
建设年代：1920年

20世纪伟大的物理学家爱因斯坦提出了广义相对论，建筑师为纪念开创了现代物理学新领域的研究建造了这座天文塔。物理理论的高深莫测、新奇、神秘，却给建筑创作带来了新的启示与灵感。20世纪初期在西方产生新的艺术流派、立体派、表现主义运动，也影响了建筑创作。

建筑师在手法上把瞬时印象的体量、造型，以最大可能直接转化成现实。作品以柔美的弧线相互交织构成的形态，通过象征、奇特、夸张的建筑形象以表达时代精神。但是由于当时施工技术所限，还不得不用砖砌加抹灰成型的做法。这件作品就此成为一种抽象概念表现主义作品的孤例。

爱因斯坦天文台打破了德国建筑以往严谨、对称、平直线条的手法，以弧线、曲面为要素，从而产生流动、顺畅、耳目一新的形象。表现派建筑革新、反对复古，但与时代功能、技术发展相脱节，在第一次世界大战后其影响就逐渐消退了。

全景

手绘效果

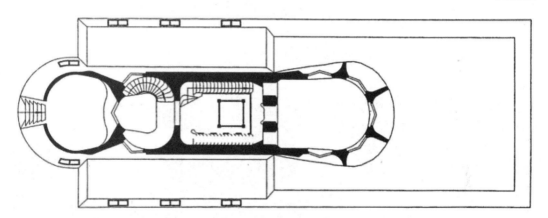

首层平面图

外景之一　　　　　　　外景之二

52 施罗德住宅

建筑设计：格里特·托马斯·里特维尔德（荷）
建设地点：荷兰乌特勒支
建设年代：1924年

20世纪初，欧洲各艺术与建筑流派迭起，基于立体派与未来派的发展以及绘画艺术中的抽象主义，以点、线、面、体以至空间的几何构成手法，建筑造型基本上以"纯净几何式、长方、正方、无色无饰、直角、光面的板料做墙身，主面不分前后左右，专靠红、黄、蓝三原色起分隔区别作用，打破室内封闭感与静止感而向外扩散到广阔天地。"

随后，风格派所倡导的"机器美学"的论述，提出了现代工业产品如铁路机车、汽车与飞机等功能性的美，强调了机器的抽象性，把崇拜机器提升到了虔诚的宗教地位，为开创往后的工业设计、建筑设计的构成主义美学奠定了理论基础。

内景

外景之一

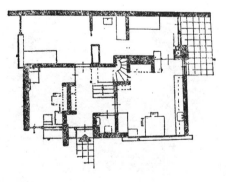

平面图

外景之二

53 列宁墓

建筑设计：舒舍夫（苏联）
建设地点：莫斯科（苏联）
建设年代：1924年

在莫斯科红场上，精心选择墓的位置是设计的着力点。克里姆林宫围墙的塔以及围墙内会堂圆形穹顶与墓位置的三点连线形成的轴线构成了与广场的相互关系。墓身为退台式的几何体块，上设节日检阅台，体型简洁，红色花岗石贴面的基座墓墙具有一定的象征性。其朴实无华，体现了苏维埃革命的领袖风貌。

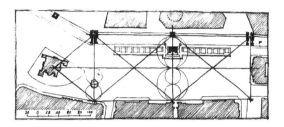

平面

 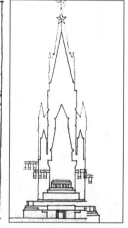

手绘立面

外景之一

外景之二

外景之三

外景之四

54 萨伏伊别墅

建筑设计：勒·柯布西耶（法）
建设地点：法国巴黎
建设年代：1929年

位于巴黎郊区的萨伏伊别墅，作为具有经典意义的住宅，贯穿了作者对现代建筑提出的五大特征：
1. 独立支柱（底层架空）；
2. 自由平面的分割；
3. 柱子收进，外墙悬挑，立面可自由处理；
4. 外墙可开设横长窗，室内光线敞亮；
5. 平屋顶可作天台花园。

直至今日，不少建筑仍沿着这些创作手法在不断丰富、创新、发展。

室内空间的一些新手法，如两层挑空的起居室、螺旋形楼梯、坡道、弧面墙分隔小空间等，以及其著作《走向新建筑》的论述在实践中得到了完美体现。此建筑被法国政府列为历史性建筑文化而保护。

全景

外景

手绘效果一

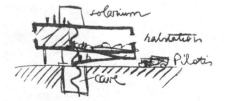

旋转楼梯　　　　　　　　　　　　　　　　手绘剖面

手绘效果二

55 1929年巴塞罗那世博会德国馆

建筑设计：密斯·凡·德·罗（德）
建设地点：西班牙巴塞罗那
建设年代：1929年

　　展览馆坐落在长约50米、宽约25米的平台上，平面以一大水池与场馆相组合，位置恰到好处，比例适当，外部造型舒展、明净、新颖，凸显在周围的建筑群中。
　　建筑严谨的平面上，八根"十"字形的钢柱支撑着轻薄的平屋面，内部隔断纵横平行交错，墙体与柱分离，清晰地表达结构体系与材料、功能的不同，开放性的空间流动、简洁、利索。现代设计的手法、优美的空间尺度、丰富的层次、精致的细部使建筑更显得高贵、典雅。展厅中还摆放了密斯设计的著名的"巴塞罗那椅"。
　　该建筑充分体现了作者在1928年提出的"少即是多"的设计理念，"展览建筑不应再具有富丽堂皇和竞市角逐的功能，而应是跨进文化领域的哲学园地"。
　　一位评论家写道："这是一座可以和历史上任何伟大建筑媲美的伟大建筑"。

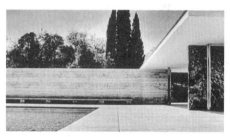

外景之一

外景之二

外景之三

 内景　　　　　　　　　　　　 巴塞罗那椅

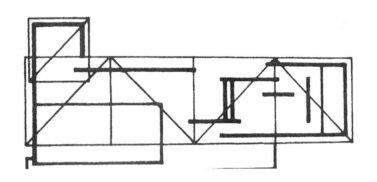

形态分析

| 交通流线到使用空间 | 单元到整体 | 加法和减法 |
| 重复到独特 | 对称和均衡 | 等级关系 |

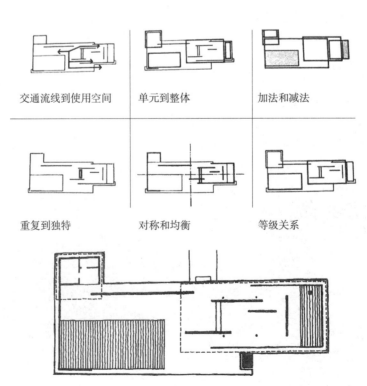

平面图

56 流水别墅

建筑设计：弗兰克·劳埃德·赖特（美）
建设地点：美国匹兹堡
建设年代：1935年

流水别墅位于美国宾夕法尼亚州匹兹堡市郊区的熊跑溪河畔，丛林繁茂，山石嶙峋，成片的栎树直冲蓝天，漫山遍野杜鹃花红遍山谷，瀑布在岩石中倾泻而下。受业主委托，赖特经现场观察，欣喜于这风景优美的地方，并激起了创作激情。他实测地形，要求15厘米以上直径的树木及各色奇石一一标记。尽管地形复杂、陡峭，赖特还是在不到12米进深的基地上，凿出5米的通道，深思熟虑，巧妙布局，以南向长轴横向布局，将起居室悬挑于瀑布之上，主入口设在二层，保护了起居室一侧的自然山石，使内部空间相互渗透，似自然天成，浑然一体。

上下层纵横方向悬挑（最宽处达9米）的挑台，产生了强烈的方向对比，加之洁净的浅色整片栏板与楼梯间片石的外墙，材料、质感、色彩的多重对比给予人们深刻的印象、视觉冲击力以及现代建筑的审美意象。据说当出挑的宽大阳台的钢筋混凝土拆模板时，赖特亲自在下面拆模，以示可靠与安全。

这一仅400平方米的划时代杰作，每年接待参观者以数十万计。并与他的其他作品，如卢比住宅、古根汉姆博物馆等被列为美国国家重点文物加以保护。

手绘效果

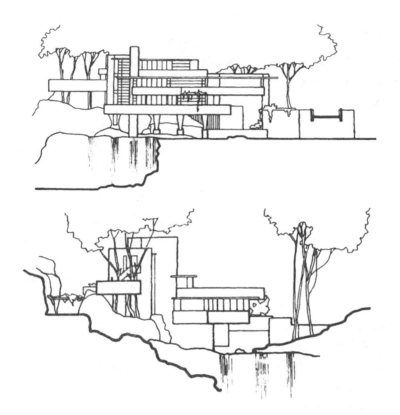

立面图

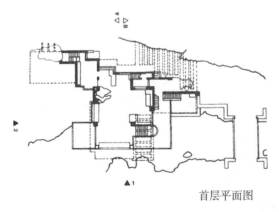

首层平面图　　　　　　　　　　　上层平面图

剖面图　　　　　　　　外景之一

外景之二

内景之一

内景之二

内景之三

57 范斯沃斯住宅

建筑设计：密斯·凡·德·罗（德）
建设地点：美国伊利诺伊州
建设年代：1951年

该住宅设计采用架空基座，二层平台为规整的错位矩形平面，兼有敞开与半敞开的平台入口序列，并以新材料、新结构、新形象把密斯的创作理念发挥到了极致。

八根纤细的钢柱高约6~7米，支撑着顶面与架空的地板。四周以敞亮的玻璃作围合，室内外视线通透，只能以窗帘遮挡调节光照，室内仅将浴室与厨房作了分隔。

"少即是多"（Less is More）所呈现出的纯净、简洁、精确、结构化，以及细节、造型的逻辑表现，正是早期现代主义大师密斯在理论上的探索，技术上的创新与造型上的风格特色，奠定了他理性主义创作思想的根基。

有趣的是该住宅的委托方业主曾以缺乏私密性向法院控告建筑师，传为当时建筑界的一个插曲。

简洁、钢构架为主体、不同规模、不同类型的建筑"以不变应万变"的单一空间成为密斯创作的基本选择。如伊利诺大学建筑学院、柏林美术馆等。当时的两位建筑评论家曾写道："密斯应用了玻璃和钢铁创造了一些空洞无物的纪念碑。""它们具有的仅是机械形式而缺少内涵。他追随着的仅是一个玻璃壳内的单纯造型，它们只存在于想象中的世界。这些建筑，和实际的地形、天气、隔热和内部波动毫无相干。""密斯所以能设计到这么奇妙建筑物，就因为他对建筑物的许多方面都不予考虑。"（摘自《现代建筑家全集》，董建敏、董婉贞编著，艺术图书公司出版。）

外景之一

入口外景

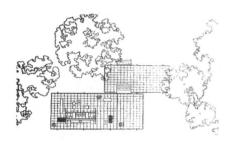

平面

内景之一

入口台阶

外景之二

58 朗香教堂

建筑设计：勒·柯布西耶（法）
建设地点：法国东部
建设年代：1953年

位于法国东部浮日山区的朗香教堂，在平面及内部空向上，作者一反其之前的建筑理论与实践，并抛弃了他所开创的现代主义精神与新建筑五要素。教堂在平面及空间上几乎都以自由弧线、曲面构成，出檐深远，巨大厚重的反式屋顶被置于不规则开口的厚墙面上。仅能容下百余人的内部主要空间长25米，宽13米，圣坛在主厅的东侧。教堂屋顶由两层薄板构成，底下一层左边向上翻起，屋面向北侧倾斜，雨水可以从屋顶上流入下面的水池里。室外礼拜的圣坛与高高的封闭塔楼，给予人们强烈的视觉冲击与宗教神圣感。

建筑的造型采用了被后现代主义称之为隐喻的手法，如虔诚信徒合十祈祷的双手，又如轮船，让人联想起圣经中的诺亚方舟，又如一只蹲在草地上的鸽子，再如一顶传教士的帽子等。作为艺术的隐喻联想，我国著名画家齐白石曾说"太似为媚俗，不似则欺世"。建筑与绘画虽具有意向的共性，但建筑毕竟是建筑，隐喻手法更有高雅、粗俗之分，不能离开建筑的本体讨论。建筑史学家有称"朗香教堂作者在创作上是从理性主义向浪漫主义的转变"，凭借隐喻的手法"达到了代码的程度，各部分间如此精确的相互关联。其含义仿物，就像伊斯兰的程式那般丰富，就像日本神道教的偶像崇拜那么严格。"

外景之一

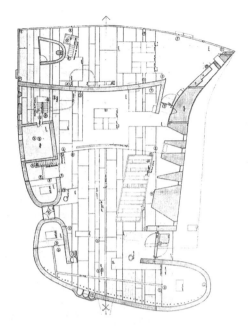

平面

内景之一

内景之二

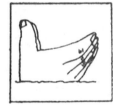 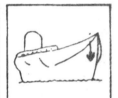

形态隐喻

外景之二

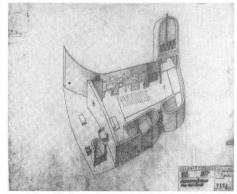

轴侧

作者草图

107

59 栗子山母亲住宅

建筑设计：罗伯特·文丘里（美）
建设地点：美国费城
建设年代：1962年

栗子山住宅是美国著名建筑设计师罗伯特·文丘里为其母亲所建，故又称母亲住宅。

这是一所"既简单，又复杂，即开放，又封闭，既大又小，既好又坏，破山花，大小不等，毫无规律的宅子"，其古典而不纯，是一座具有后现代主义所宣称的二元并列双重性的小建筑。

在该设计中，作者虽以看似以对称的平面为其基本立足点，但在功能要求的相互折中下，脱出了对称的巢臼。立面整体以传统美式住宅为意向——一座巨大的山形墙控制着画面，又从中轴处纵切破开一条缝，打破了一个基本符号。不同尺度、不同比例要素的毗邻，不协调韵律和方向性对位，断裂、异化与矛盾共处的多种手法，隐于中央而突出地缝后方的壁炉烟囱元素，强调传统但又混杂的理念，正是文丘里在其后现代主义理论专著《建筑的复杂性与矛盾性》所倡导的多元主义与历史主义在创作实践中的表达。

外景之一

外景之二

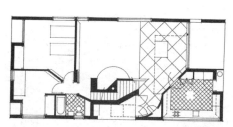

平面图

内景之一

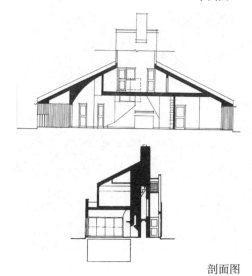

剖面图

内景之二

109

60 史密斯住宅

建筑设计：理查德·迈耶（美）
建设地点：美国达里思
建设年代：1967年

该住宅设计的创意，虽受风格派与柯布西耶的影响，传承了现代主义的纯净、简约、优雅的风格，却又独辟蹊径，自成一派。

其内部空间注重功能分区，公共空间与私密空间划分清晰，动线流畅，且作了挑空处理。在造型方面体块虚实组合，线、面分割对比，尺度、比例亲切宜人，与外部环境交融。在优美的绿色环境下，洁净的通体白色，在阳光所造成的阴影变化下，更显独特的风采，被誉为"白色派"美国当代建筑中的"阳春白雪"。

外景

内景之一

内景之二

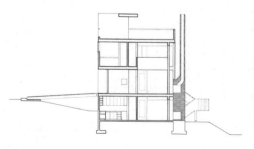

剖面图

室外楼梯

内景之三　　　　　　　　　　　　内景之四

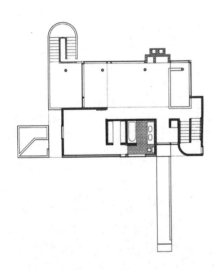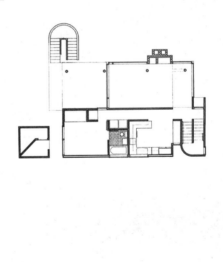

平面图

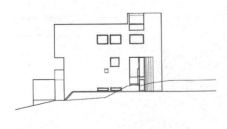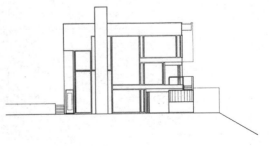

立面图

61 越战纪念碑

建筑设计：林樱（美）
建设地点：美国华盛顿
建设年代：1982年

在1981年，全美公开征集越南战争纪念碑设计方案，其要点如下：
1. 纪念碑本身要具有鲜明的特征；
2. 要与周围的景观与建筑相协调；
3. 碑身上要镌刻所有阵亡和失踪者的姓名；
4. 对于越南战争（1963–1973年），不要做一个字的介绍和评价。

参赛者为年满18周岁的美国公民。评委会共收到1424件参赛作品，一致通过当时年仅21岁的大学生林樱的作品为最终方案（作品第1026号胜出）。

纪念碑位于美国华盛顿特区的宪法公园，邻近林肯纪念堂的缓坡。

纪念碑以伸张的V形平面，从基面设缓坡沉入地下。两堵约60米长、3米高的黑色磨光面的大理石墙相交，墙面镌刻着57692名死者的名字，这犹如大地被利刃切开"凿下的伤疤"。

该方案公布后引起了轩然大波，强烈的质疑来自越战老兵委员会与组委会，组织方最终选择了妥协，不顾设计者的反对，在纪念碑不远处摆放了三个越战士兵雕塑与一面美国国旗。最终纪念碑于1982年10月完工。

在总体上，项目依赖于三条轴线的关联勾勒出"V"字形布局，即"V"字形的两端分别指向林肯纪念堂与华盛顿纪念碑，相互映照。下沉式的布局，融入了环境之中，体现了独特的构思和理念。正如作者自述："当人们触摸到纪念碑上每个名字的瞬间，每个人的悲伤和痛苦会立刻渗透进来，而我的确希望人们会为之哭泣，从此主宰着自己回归光明与现实"。竞赛评审委员会在一片质疑声中（有的评论把它说成"黑色的沟渠""黑色伤痕"等）仍再次以全票通过支持了这一方案。被评曰："作品以融入大地，而不刺穿天空的精神，令我们感动"。

外景之一

外景之二　　　　　　　　　　　　　　　轴线分析

一位越战时期的记者，阿·伊萨克在其1997年《越战的阴影》一书中写道："没有人在华盛顿其他的纪念馆那儿，写下箴言或摆下供品，只有这位华裔设计的"越战纪念碑"成了真正世界学术史上不朽的标志。对战争的反思，孰是孰非虽已不显重要，人们更在乎的是珍惜当下，祈愿和平，对逝者的追思，打动所有人的心。"

纪念碑带有一张白纸，一块白板的意识，它不是一个房间，不是一座建筑方案，不是一个广场，也不是一个公园，完全不是常规的纪念碑，这是一个发人深思的场所。

作者刻意不去研究越南史和越战史，它以一个简单安静的符号信息，传达了那段不堪回首的苦难，作品所具的感动力量，感动世人，超越时代。方案建成后几乎每年吸引了三百万旅游者驻足凭吊，之前所有的质疑也都烟消云散。

外景之三

外景之四

62 拉·维莱特公园

建筑设计：伯纳德·屈米（瑞士）
建设地点：法国巴黎
建设年代：1967年

在矩阵式规整的直角坐标上，排列着间距相等的红色"构架"，并以现代构成要素点、线、面构架，分列在30多个网格点上。在系统中通过空中步道（双层的走廊）林荫大道和贯穿全园的弯曲小径组成的浏览系统，引导游人具有导向性的活动。在创作方法上，公园的布局一反西方传统那种循规蹈矩，刻板的几何图形花坛以及剪裁成球形、塔形等树丛列阵。

当20世纪80年代以伯纳德·屈米等四位建筑师的作品首次一起展出被冠以"解构主义"命名时，拉维莱特公园被推为体现这一创作思想的代表作。

解构主义是在当时传播的一种哲学思想，在以不断变革的方法论上，影响与批判了现代功能主义僵化、停滞的观点，把在功能上的无中心、无边界、开放型的手法，不受传统形式美的约束，残缺、无序、颠覆传统构图、不协调性等，在建筑创作上"不断创新""个性化"作为一种追求，一种目标，推进了西方建筑的多元化风格。

总平面图

外景之一

外景之二

构思分析

115

63 光之教堂

建筑设计：安藤忠雄（日）
建设地点：日本茨木

在一处非常普通的郊区住宅区，在极其苛刻的预算下，建筑师用钢筋混凝土修筑了一座教堂，徒有四壁，无任何装饰，无多余的空间，只有嵌入前墙的十字架透入强烈的十字光芒，只有箱子一样的单一空间，裸露的混凝土表面展示着苦行僧般的朴素感。在阴郁的空间里，一段向下的斜坡使信徒的座位高于圣坛，牧师站着与坐着的前排一样高，反映了设计人的构思与自述的创意："我很在意人人平等，在梵蒂冈，教堂是高高在上的，牧师站着比信徒高，而我希望光之教堂中牧师与信徒人人平等，台阶是往下走的。"牧师站的与坐着的观众一样高，这样就消除了不平等心理。这才是光之教堂的精华。

在教堂内部极富宗教意义的纯粹几何空间，静寂的、肃然投射的特殊光效果似乎使信徒们有了接近上帝的幻觉意象。该设计项目被授予由罗马教皇颁发的20世纪最佳教堂奖。

全景

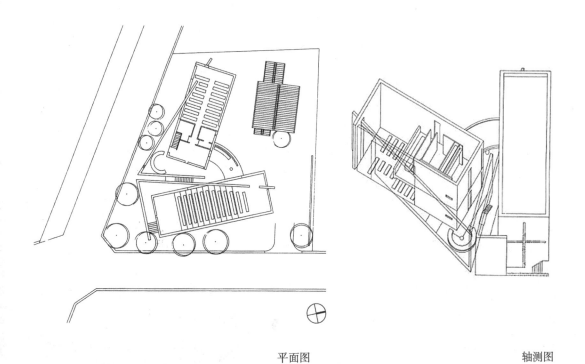

| 平面图 | 轴测图 |

教堂的实体是一个由混凝土砌成的冰冷的方盒子，通过穿插、断裂并利用光影成了抽象的、令人静穆的神圣空间形象。

| 教堂外观 | 教堂室内 |

64 海狮馆、鳄鱼馆

建设地点：韩国首尔
建筑面积：海狮馆379.78平方米
　　　　　鳄鱼馆417.17平方米

在较小的基地上，建起两座相邻的动物馆，使小学生们获得与水生动物间的亲密接触，又要避免雨水或阳光的直射。底层以柱框架架空悬挑，结合地下层设计倾斜台阶式座席的剧场空间，标高的升起有利于人们观赏天空和自然景色。

在平行四边形的基地，海狮馆悬挑的倾角为20°，鳄鱼馆为岛形曲面圆的基地，倾斜角为37°。从基面由内而外悬挑形成的流动曲线，自由而具逻辑形成的轮廓，使这两座小小的动物馆似飞禽展翅般的动感。

全景

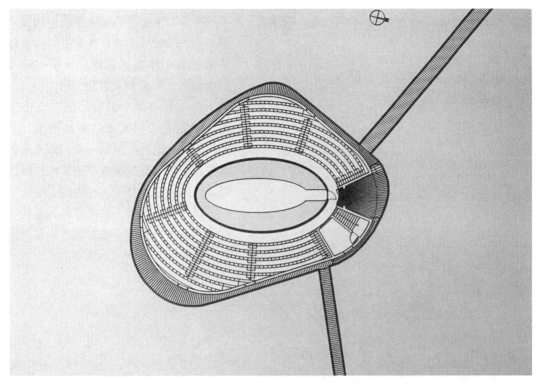

平面图

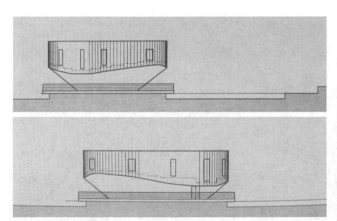

立面图

外景

内景

65 2002年蛇形画廊临时展厅

建筑设计：伊东丰雄（日）
建设地点：英国伦敦
建设年代：2002年

在2002年伦敦博览会上的"蛇形画廊"是20世纪后半叶日本新生代著名建筑师伊东丰雄的成名作。规整的长方形六面体，其墙面为切割不同大小三角形、多边形等虚实组合形成的五个立面，使之成为似无正立面的造型，新颖、活泼、通透、别具一格。阳光照射入室，具有动感的阴影产生了一种轻盈而具幻想的视觉体验。在他随后的创作中，斜线切割的面，圆锥体似的空间穿插，多层中的贯连手法，使空间富于垂直的通透性。

全景

内景之一　　　　　　　　　　　　　内景之二

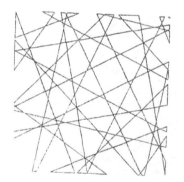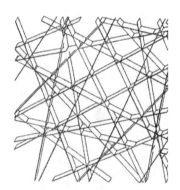

立面构成分析一　　　　　立面构成分析二　　　　　立面构成分析三

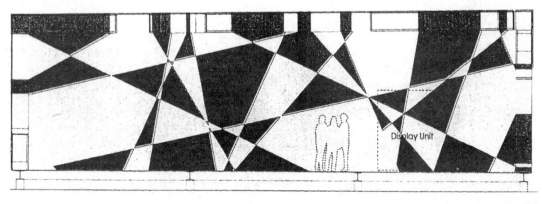

立面图

66 音乐亭

建筑设计：M.麦克拉夫林（美）
建设地点：英国东苏珊格斯
建设年代：2000年

这座音乐台在1935年原址海滨重建。以富于想象力的海鸥展翅剪影造型，为活动的青少年提供音乐展示与建筑审美教育的场所。

锚固于地面的可移动平台，可适应不同气候，风向调节方位，喇叭似的形态有助于音响的传送。项目在各专业的协同，如结构、音响、材料、施工相互配合下得以完美实现。

全景

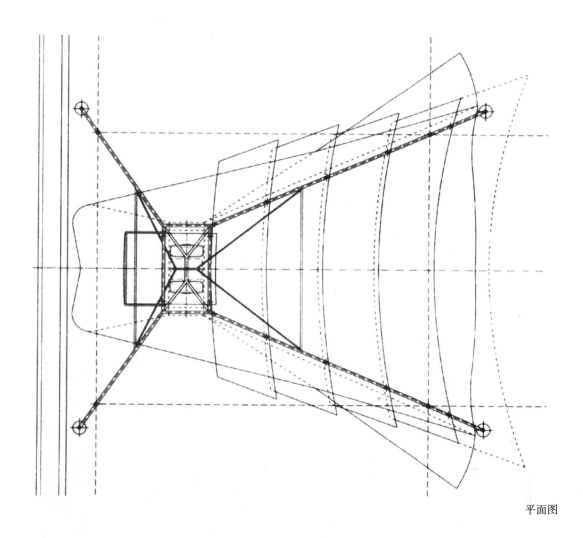

平面图

音乐台外景

67 曼德拉纪念馆

纳尔逊曼德拉是一位在长期与种族正义及建立南非共和国的斗争中赢得人民爱戴,被选举为该国首位黑人总统的英雄。在南非东部凯佩(Cape)地区,有三处组成的公共纪念场所。姆维索(Mveso)是曼德拉的诞生地。库诺(QuNo)是他幼年成长的地方,还有一处是曼德拉被选举总统的纪念地。

由圆钢柱架起的简易的单坡顶覆盖的纪念屋(150平方米)及公共集合活动空间,以及库诺带廊檐空间的住室。朴实无华,体现了伟大民族主义战士奋斗的一生。

外景之一

入口门廊

外景之二

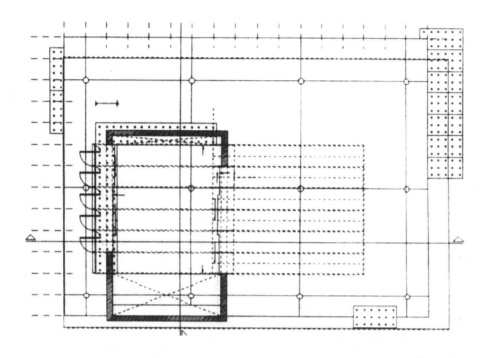

平面图

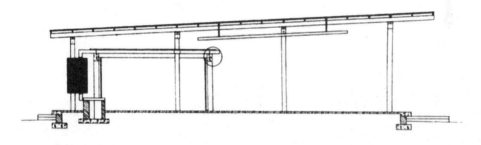

剖面图

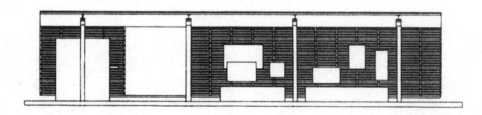

立面图

68 水上教堂

建筑设计：安藤忠雄（日）
建设地点：日本北海道
建设年代：1988年

看着水池被微风吹皱的涟漪，沿着它长长的一侧步道走去，听着水轻轻发出的呻吟，不明显的入口，上了台阶再往下走，渐渐暗淡，人逐渐沉静，人影不再，只有轻轻的脚步声敲打着水泥地面的声响。在空间昏暗的静静脚步声里，油然期待那方才的光亮。

当步入教堂的大厅，四面实墙中的迎面一整片墙消失了，而是大片玻璃射入进来的外部光与景色——碧水、蓝天、绿树，而人们视觉的中心，则是伫立水中央的十字架，空谷出幽兰的气质，袒露无遗。

这座教堂一般只用于举办婚礼，当按电钮后，巨大的玻璃墙慢慢移开，清风徐来，水声潺潺。一位拜谒者这样描述："凝视着远处的十字架，我感到梦幻一般地冲动"，如果有人握住你的手问"愿意和我度过终生吗？"谁能拒绝说："我不愿意？""所谓伊人，在水一方"谁能不去体验融入内外环境的意境，这就是建筑空间的魅力。在作品背后精神的力量，在这里，狂热会趋于平静。

实景之一

实景之二

全景

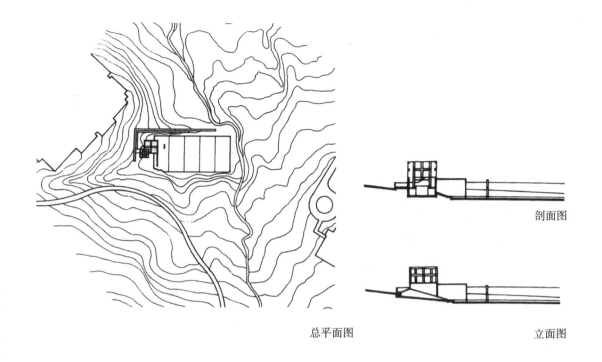

总平面图　　　　　　　　　　　立面图/剖面图

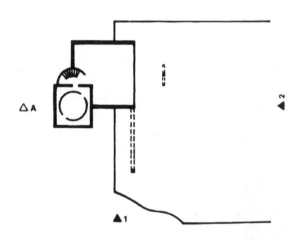

建筑平面图

手绘效果图

69 LCM实验室

建设地点：墨西哥墨西哥城
建筑面积：50平方米
建设年代：2001年

本案毗邻原条形建筑，有着小小蜗牛壳似的造型，有着直接通向院前的阶梯。按造型要求，曲线的钢锻带似的结构覆盖着耐久的合成树脂，弧形的虫卵似的内部密闭空间仅有着间隙光的投入。

全景

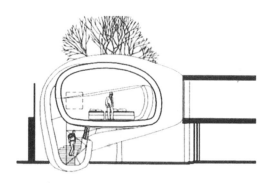
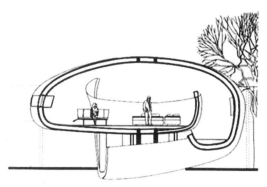
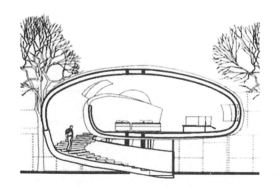
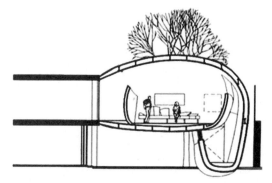

剖面图

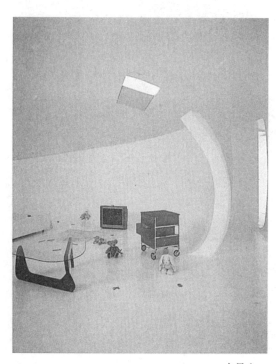

内景之一

内景之二

70 半露天剧场

建筑设计：4a设计事务所
建设地点：德国罗伊特林根
建筑面积：1065平方米
建设年代：2008年

本案为露天敞开的舞台，在1000座观众席上覆盖着屋顶，以适应天气的不良变化。绿色的电镀铝塑板融合于大自然森林中，建筑与环境在光影中产生互动。

观众席两侧壁均使用木质材料，宽敞的四个分区观众席无遮挡，台阶式的观众席，保证了席位的良好视听效果。观众大厅三侧双层围护墙的空间提供了贮存布景、道具及管理等用房。声光设备，天桥等隐进钢屋架空间之中。它已成为戏剧爱好者新的体验与充满吸引力的场所。

全景

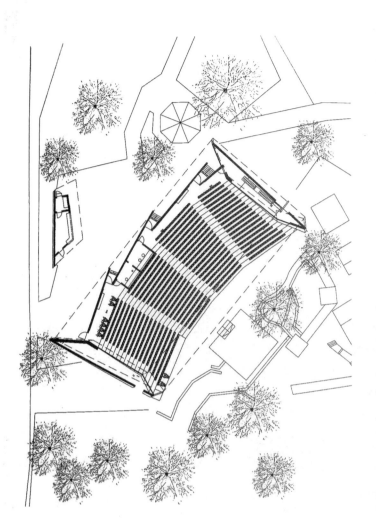

内景之一

平面图　　　　　　内景之二

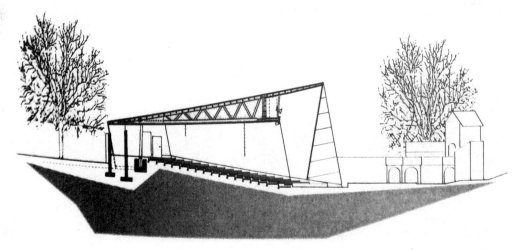

剖面图

观众厅内景

外景之一

次入口

外景之二

71 威尔工作室

建筑设计：丹尼尔·里伯斯金（美）
建设地点：西班牙圣卡洛奥斯
建筑面积：385平方米
建设年代：2003年

这是位美国画家，雕塑家B.威尔在西班牙贝利列克岛上的工作室。它由展厅、工作室、接待室三部分组成，也是美国著名建筑师丹尼尔·里伯斯金第一次设计的一座小建筑。

设计立意不以传承、采用本土的文化元素及地中海景观的符号为思路而代以整片弧形墙面，并在一侧边开设了似三角形的灰空间。此外，两座虚、实不同的栏板室外台阶分别通向工作室及展廊。简洁、抽象的形态似乎对应了这位画家的学术风格，却没有显示设计师的独特风格。

全景

外景之一

外景之二

内景

入口

72 建筑中心

建筑设计：R. 范祖克
建设地点：荷兰阿姆斯特丹
建筑面积：211平方米
建设年代：2003年

项目紧邻荷兰新城奥博斯道克，受制于历史街区一块不等边四边形的基地，三层的建筑底层贴近堤岸，面向河岸开放多功能厅，二层则面向河堤道路，作展示厅布置，三层以玻璃隔断划分管理用房。

面向河流的三层建筑立面，通高玻璃窗，由内向外获得了良好的河岸景观。反向二层街道为封闭的扭曲金属板面墙，其他两侧面配以随弧面的景窗，强烈的虚实对比、变化无常的窗扇以及无直线轮廓的造型，建筑师回应了项目设计要求的初衷。

全景

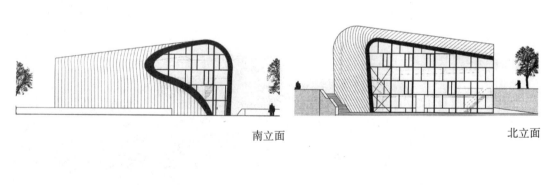

南立面　　　　　　　　　　　北立面

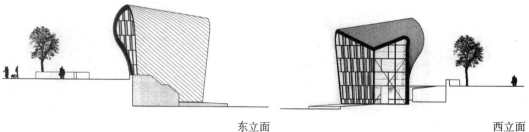

东立面　　　　　　　　　　　西立面

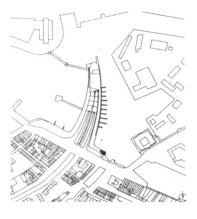

总平面

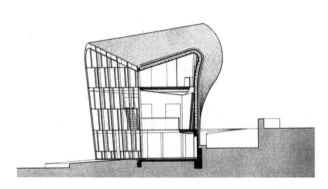

建筑外观图

剖面之一

内景之一

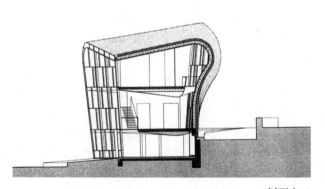

剖面之二

内景之二

剖面之三

内景之三

73 蛇形画廊

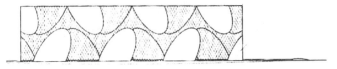

立面图

内景

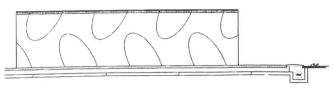

剖面图

近景

全景

74 园林展信息廊

建筑设计：扎哈·哈迪德（英）
建设地点：德国魏尔
建设年代：2000年

这是世界著名英籍伊朗女建筑师在她早期设计的一座小建筑，外部跨越屋顶的小路，以柔和逶迤的弧线，穿过地势起伏的基地并通向另侧，与地面关系若即若离，又有穿梭于内部空间的廊道与参差错落的绿化沟槽。本案追求着一种富于动态的美，也为扎哈往后的创作建筑新风格"动感建筑"奠定了基调。

全景

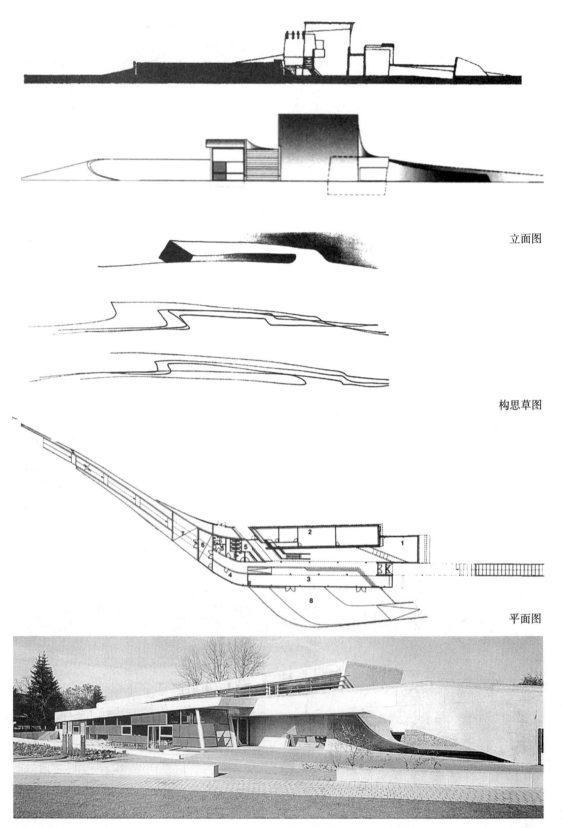

立面图

构思草图

平面图

外景

75 达卡清真寺

建筑设计：玛琳娜（巴基斯坦）
建设地点：巴基斯坦达卡
建设年代：2012年

在经济不发达的国家，一位土生土长的女建筑师痛失了两位亲人——她的母亲和小姨。她的外婆卖掉了一部分土地期望建一座清真寺，以承载着神光、慈悲和感怀，安抚着她与外婆的伤痛。

建筑师采用传统的廉价材料，规整的方形平面中嵌入了二侧切边的圆形面，形成了露天的大小不同的空间。红砖的镂空外墙，让没有空调的室内加强了通风，获得了凉爽。建筑方圆相扣，周边产生了月牙形的院落。侧光投射产生了线形光照效果。以用光的力量把感动和神圣注入了教徒的心中，在没有任何图腾的墙面上，光就指引了教徒们面壁的方向，这也是自己与家人心中的一束光，用它来丈量他们精神世界的深度。每位教徒参拜面壁而坐，口中念念有词地吟诵，以寻求精神的彼岸。神圣的宗教氛围里，一束光为这里注入了一丝希望。

全景

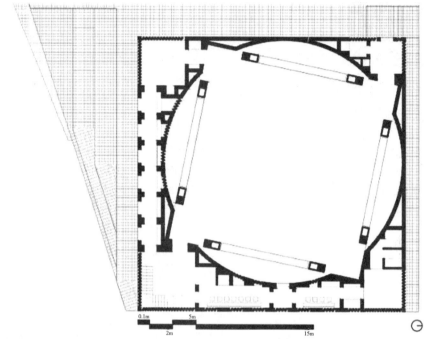

平面图

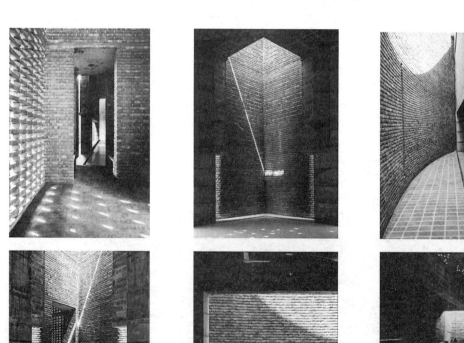

内景

76 荷兰某公交车站

建筑设计：NIO事务所
建设地点：荷兰霍夫多普
建设年代：2003年

本案是在公共广场交通岛上建的一座公共交通站点，其功能一为公交车调转方向，二为该地段增设了一处标识。

建筑从外观、材料、结构以及造型诸方面力图打破一般的陈辞老套的做法。外形似侵蚀的植物球茎、无棱角的弧面状有机体，舒展地横卧在广场上。

50米×10米×5米扭曲的膨胀体，流线柔滑的弧壁上的几处洞口，开启了多棱角的城市观赏。新型的结构、造型给人以多种诠释与想象。

全景

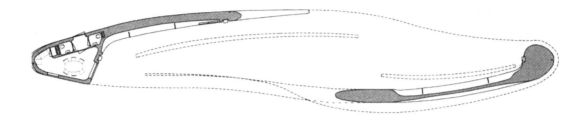

平面图

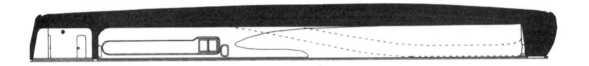

立面图

底层空间

77 博斯特泵站

建设地点：荷兰阿姆斯特丹
建筑面积：650平方米
建设年代：2005年

本案是邻近仃泊港区的泵站，内部布置了三组水泵输送污水的处理站。在造型上建筑打破了单调的四平八稳的方盒子外观，以两个三角形似的体块穿插，包括第五立面，以斜线分割，蓝绿色的石料贴面，在开阔的郊外河港不仅起到了标识作用，也强化了人们视觉的审美体验。

全景

远景

78 Valleaceron教堂

建筑设计：S-M. A. O（西班牙）
建设地点：西班牙瓦莱克隆
建设年代：2001年

在微坡的岩石基地上，建筑师树立起这座仅80平方米的小教堂。设计运用了现代构成的多种手法：切割、倾斜、对比、虚实等，将不等面的立面体从不同方向，高低错接形成似无序的外部轮廓与雕塑感的造型，不加修饰的外墙，多边形的界面与采光窗赋予了内部光影变化与不同视觉的感受。

全景

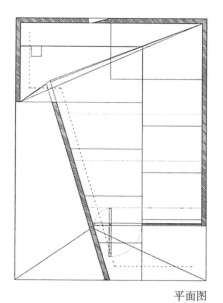

平面图

内景

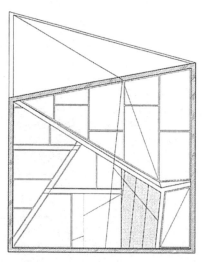

立面图

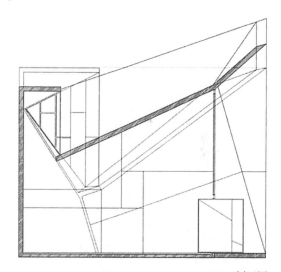

剖面图

外景之一

外景之二

外景之三

79 昂赞图书馆

建筑设计：多米尼克·库伦建筑事务所（法）
建设地点：法国昂赞
建筑面积：1750平方米

　　一座仅两层的小型多媒体图书馆，由底层入口大厅、100座报告厅及管理用房组成，可直接从大厅的宽敞大台阶拾级而上，视线无遮挡、开敞无支柱宽敞的流动空间，充足、均匀自然光的自由、灵活空间给予人们一种全新的空间体验。

　　简洁的几何形体，精心的墙面，屋盖切割形成的造型，顶面凿出长长缝隙的光带，产生了室内奇妙的光影视觉效果，使内外空间轻盈而富有诗意。

全景

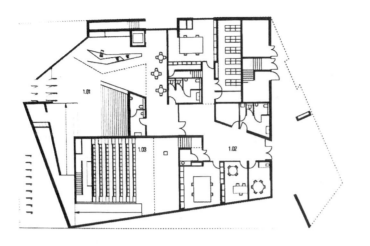

一层平面图

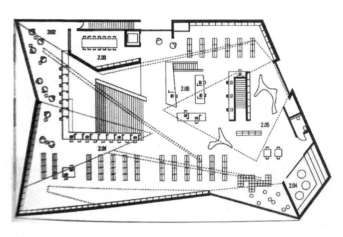

二层平面图

建筑入口

建筑大厅

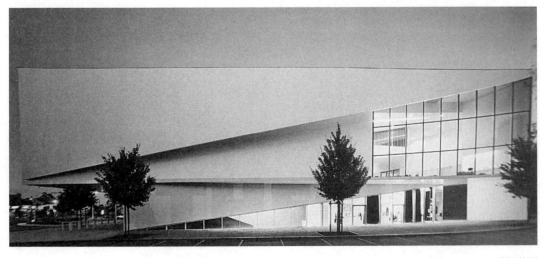

建筑外景

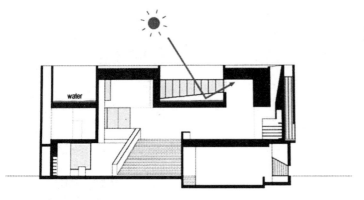

剖面图　　　　　　　　　　　内景之一

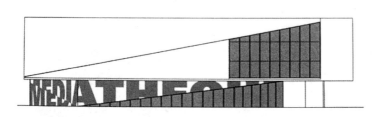 

立面图　　　　　　　　　　　内景之二

内景之三

80 卢雪姆访客中心

建筑设计：史蒂文·霍尔（美）
建设地点：奥地利浪琴卢伊斯
建设年代：2005年

　　游客中心位于奥地利，距离当地最大的葡萄种植园约1小时车程，在其不远处还修建了旅馆。并列的长通道与水池，起到了引导游客的作用。方形的平面及简明立方体，墙面稍稍地作些倾斜。建筑摆脱了通常墙面对位或非对位的窗户，用山体面断裂似的手法布置长短、宽窄错位的窗户，吸人眼球，迷惑视觉。立面4毫米厚的铝板上的划痕无序地分割印痕，求得与开裂似的墙体协调。形态不一的采光口也为内部空间的光影变化带来活泼与情趣。

外景之一

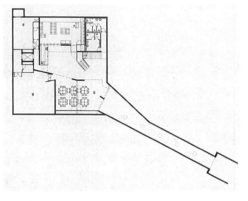

平面图

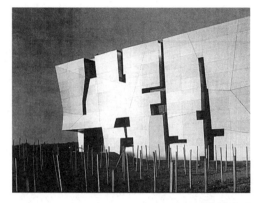

外景之二

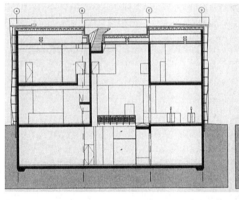

东-西向剖面图

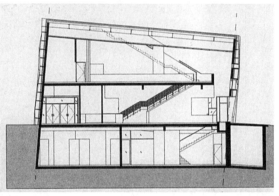

南-北向剖面图

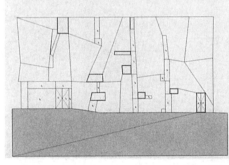

南立面图

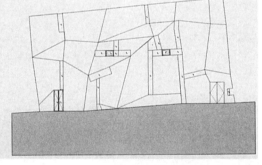

东立面图

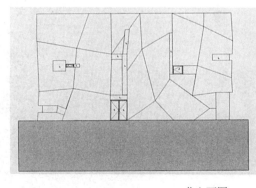

北立面图

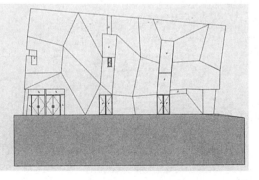

西立面图

81 滑雪塔

建筑设计：扎哈·哈迪德（英）
建设地点：澳大利亚勃吉斯
建设面积：355平方米
建设年代：2002年

场地位于一处1927年以来开辟的冬季运动中心，并在1960年、1970年举办了冬奥会。在21世纪初举办了以国际竞技场地设计的竞赛，本方案一举中标。

滑雪塔由高塔（40米高）与滑道两部分组成，高塔内还设有150座的咖啡厅。线条流畅的滑道与高塔环形的连接在群峰之巅，优美的天际轮廓线极具动感的态势，体现着与大自然融合的浪漫品位。随后，哈迪德一些颇具新潮、前卫、实验性门类众多的作品似一朵朵奇葩遍布世界各大城市（包括中国的广州、北京、上海等）。

正如一位评论家写道："哈迪德单单设计草图就已大大扩充了建筑创作曲目"。在超越现实性思维的突发性新颖造型，也使建筑内部空间从单一走向复杂，从静止变为流动，动感，激越，华丽，从无序中透出不一般美的韵律。

点、线、面抽象的东西，逾越了现实生活中具体形象，而美的造型（形式）与空间所应表达的内在意义，"艺术意志"的坚韧性、创造性达到了自由地表达，跨越了狭隘的时空局限。

正当她的创作陆续攀登巅峰之际，年仅65岁就离开了世界。被誉为建筑"女魔头"的扎哈·哈迪德，她的风格，或者说未完的事业，或者说她的传承人会沿着她的道路走得更好更远。

全景

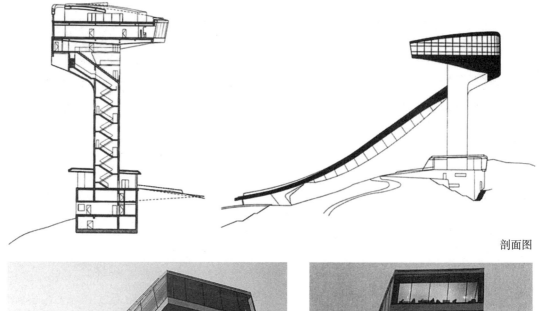

剖面图

近景之一

近景之二

远景

82 KL办公楼

建筑设计：Studio Kota（印度尼西亚）
建设地点：印度尼西亚日惹
建筑面积：200平方米
建设年代：2017年

建筑师被要求在企业的厂区前设计一座地面为10米×12米的正方形三层办公室。立方体从屋面倾斜不同方向，向下切割以及划分不同三角形采光窗面而构成的独具特色的多面体的造型，使厂区前增添了一处吸人眼球的建筑景观。

一层入口直接通向三个不同层的处理以及通过对角线的划分组成了开放式上下贯通的办公空间。

这座建筑由本厂生产的钢结构构件预制组装而成。

全景

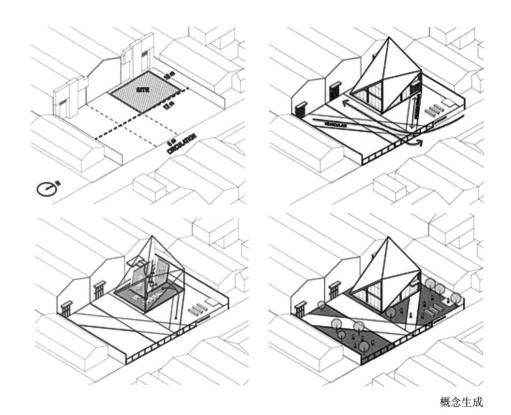

概念生成

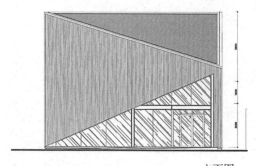

平面图

结构分析图

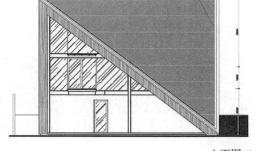

立面图一

立面图二

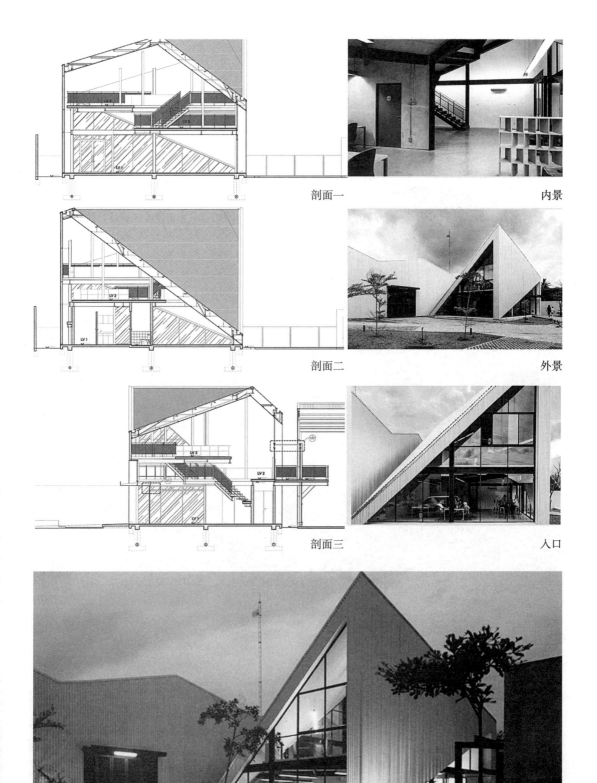

剖面一　内景

剖面二　外景

剖面三　入口

夜景

83 巴伦西亚养老中心

建筑设计：A. A. 可姆斯设计所
建设地点：西班牙巴伦西亚
建设面积：229平方米

总平面

建筑师在环境优美的公园旁设计了一处老人休闲活动的场所，通透开敞的落地长窗外，宽大的窗外平台可观赏公园景色。无障碍的坡道仅几步之遥通向公园。动静区分明确。分别设置了厨房、卫生间、诊疗用房，造型简洁、舒展。

外景之一

外景之二

外景之三

84 农场教堂

建筑设计：林樱（美）
建设地点：美国田纳西州
建设年代：2004年

由美国儿童保卫基金会设立的这座教堂拥有着船与方舟似的抽象形态，其构思源自基金会的宗旨："上帝保佑我们：海的辽阔，船的渺小"。而在通过短廊之后，接待管理用房更显非对称的"船体"的夸张抽象的形态，简约的隐喻，并突显于农场开阔的基地，一侧倾斜的吊顶与从圆形天窗投下的阳光，提升了内部空间的肃穆氛围。

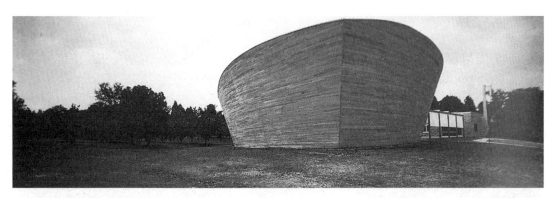

外景之一

外景之二

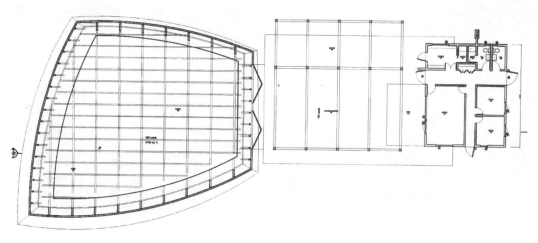

平面

外景之三

内景之一

内景之二

85 休闲廊

建设地点：瑞士

为在森林中散步，健身等活动的人提供一处应变气候的避身场所，设计者以不同方向的几片外墙对比布置，并与支撑面的柱脱离，手法传承了早年密斯的创作理念与手法。

内景之一

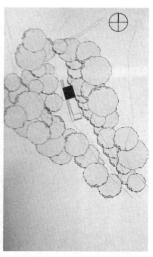

总平面图

内景之二

石板外样

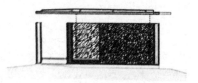

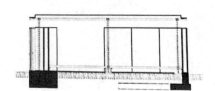

立面

86 现代艺术博物馆

建筑设计：理查德·迈耶（美）
建设地点：德国巴顿
建设面积：2000平方米
建设年代：2004年

这是一座收藏、展示德国表现主义以及古典、近现代艺术作品的美术馆，约有500余件绘画、雕塑作品。

迈耶作品体块明晰、简洁，以现代构成法处理线、面、体块的划分、比例的推敲、尺度的把握以及强烈的虚实对比；加之光法的白色全展面板，顺应自然、融入环境成为创作的显著风格。此外，还透露出传承古典构图手法的些许韵味。

在内部空间上，严谨的流线组织，更重视垂直空间的穿梯，与不同方向、不同高度的天然光线的射入，达到瞬变的光影效果。这又是他作品的一大特色。

外景之一

全景

外景之二

内景之一

内景之二

内景之三

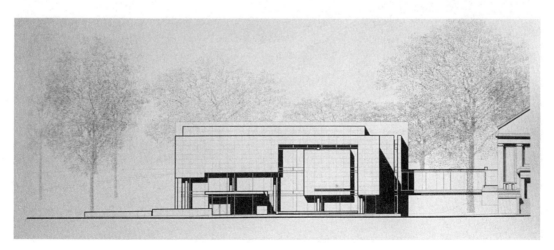

立面

87 卡·巴达美术馆

建筑设计：奥斯卡·尼迈耶（巴西）
建设地点：巴西里约热内卢
建设年代：1991年

博物馆设计构思受自然、山体、波浪的启示，由长长的弧线坡道引向山巅，正如建筑师自己所描述的："我最爱徒手曲线，这种曲线在起伏的山脉中，在弯曲的河流中，在浮动的白云和波动的大海中都能找到。"在他的创作中对曲线美的追求几乎达到了痴迷的程度。

这座似飘浮在蓝天的天外来客UFO是他设计的500余座建筑中的代表作之一。

尼迈耶是20世纪世界著名的建筑大师之一，早在20世纪50年代末，他为巴西新都巴西利亚进行了总体规划与众多单项设计，直至1960年4月宣告建成，这一系列宏伟、精美的建筑被誉为未来伟大世界的图腾。

外景之一

外景之二

外景之三

外景之四

内景之一

内景之二

88 奥斯卡·尼迈耶展览馆

建筑设计：奥斯卡·尼迈耶（巴西）
建设地点：巴西里约热内卢
建设年代：1991年

　　该建筑犹如一艘天外来客的飞碟降落在海边高高的礁石上，长长的艳红色的石坡道盘旋而上，洁白的体态，轻盈而灵动，在蓝天绿水的衬托下，益发显示作者的匠心独运。当登临坡道入口，进入展厅，透过一侧的长窗向外眺望，一种殷切、强烈的期待感立即被天空、海面所吸引，内外空间交融，心情无不为之振奋。

外景之一

全景

164

外景之二

外景之三

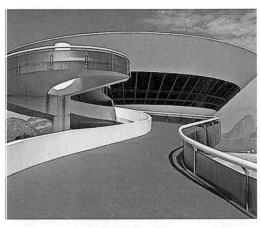

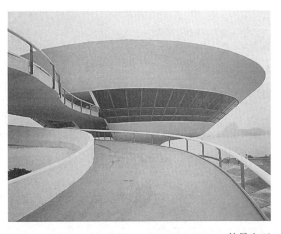

外景之四

外景之五

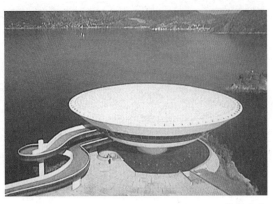

外景之六

外景之七

89 奥斯卡·尼迈耶美术馆

建筑设计：奥斯卡·尼迈耶（巴西）
建设地点：巴西寇迪吧
建设面积：2100平方米
建设年代：2002年

当尼迈耶回到1974年建的老美术馆时，他准备扩建一座具有21世纪国际水准和视觉冲击力的新馆。建成后的新馆由独立方柱架起悬挑的橄榄形体块，又似单网眼的屋馆，它通过弧形弯曲通道联系着旧馆，飘浮在一方水池之上，轻盈通透。夜晚灯光映衬斜方形网格，给人们留下难以忘怀的深刻印象。

原旧馆除设置餐饮、商店及三层展厅外，新馆一统的展厅高度有3~12米的高度差别，给人以震撼的空间感受，方柱体内设置垂直交通及放映厅等。现今作为一处文化展示公园及旅游景点吸引着各方来客。

外景之一

外景之二

外景之三

外景之四

内景

90 日本Hodaka办公楼

建筑设计：F. 麦琪设计所
建设地点：日本
建设年代：2002年

本案为日本某山麓的动力公司后续修建的三座功能不一的小型建筑，其中实验室712平方米，走廊354平方米，保卫室33平方米。不同墙体材料、不同的造型、简洁的形态与屋面轮廓组成了一个建筑群体。在山势环境的背景与天际线衬托下，给予人们强烈的视觉认知与现代感。

外景之一

外景之二

内景之一

外景之三

内景之二

91 某公交站

外景之一

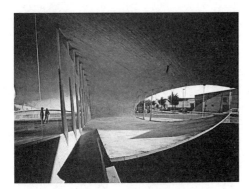

屋下空间

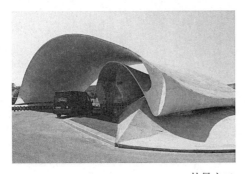

外景之二

外景之三

92 L. 诺加斯艺术中心

建筑设计：丹尼尔·贝尼拉（美）等
建设地点：美国哥伦比亚
建设面积：1576平方米
建设年代：2002年

这一设计方案经多年完善得以实施，以规整的平面与空间组合，安排了艺术学校多种学科教学活动所需要的教室、画廊、表演、演奏及展览等空间。

一层为舞蹈和音乐教室，二层为造型艺术教室。二层为长短两个体块。两个体块通过开放台阶式的灰空间与楼梯相联系，可进行展示、休闲、表演、会议，发挥了多种功能效应。不同教室的空间尺度、墙体材料、装修、音响效果都做了精细的处理。

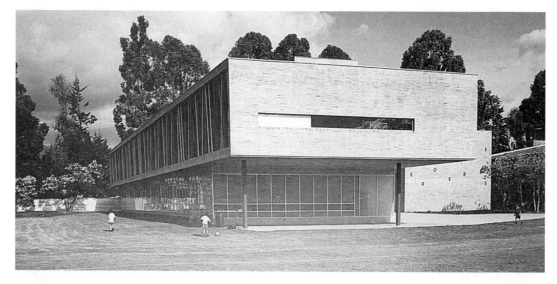

外景之一

廊道内景

外景之二

内景

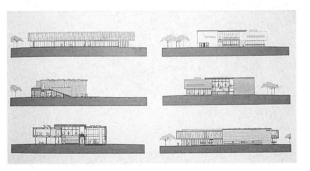

立面图

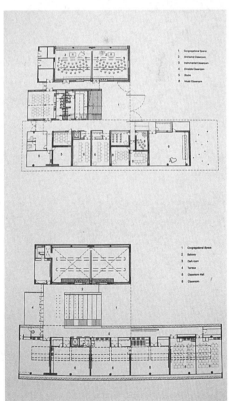

平面图

93 开放博物馆

建筑设计：E. 科林　等
建设地点：英国西苏赛克斯
建设年代：2001年

　　建筑是在旧址重建的博物馆，有着长度36米、单跨30米以上的平面，两侧为波浪似的弧形轮廓，外表面下部覆盖着红杉木板，上层为采光带并与波形层盖形成整体，下层的框架支撑着落地的轻型木材拱形构架。拱架由断面35毫米×50毫米的双层，木料采用钢箍将节点锚紧，拱形曲线逐段连接，在英国当时属首创。

外景图一　　平面及剖面图

室内图

节点图

外景图二

94 EL. 格鲁斯行政总部

建设地点：西班牙马德里
建设面积：600平方米
建设年代：1998年

位于马德里市郊公园邻近的EL.格鲁斯行政总部，由地下室结构支撑托起的两个倾斜置放的两个长方形体块，以"L"形组成。在向内开放庭院的全部玻璃墙面，而沿街道的似贴板条的折线形立面，具有较强的私密性。内部的层层退台似组成的中庭，空间层次丰富而敞亮通透。

室内图一

室内图二

外景图一

外景图二

总平面图　　　　　　　　　　　　　　　平面图

剖面图一　　　　　　　剖面图二

95 某居所

建筑设计：史蒂文·霍尔（美）
建设面积：85平方米

在一所只能居住8个人的住所内，不仅有多样变化的内部空间形态，而且从一个主要的几何体量从主面造型通过坡顶、转角相交、切割不同形状的窗扇处理，形成了建筑师独特的构思与风格。

室内图一

外景图一

室内图二

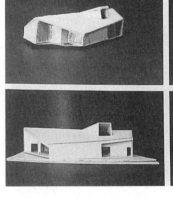
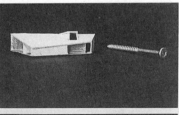

模型图

外景图二

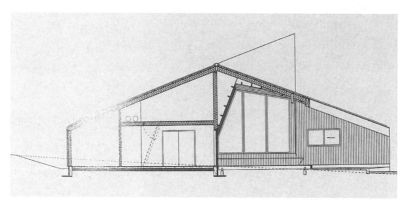

剖面图一

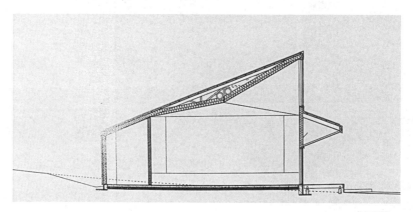

剖面图二

96 休闲亭

建设地点：美国得莫因
建设面积：232平方米
建设年代：2013年

设计师在得莫因河滨休闲步道、大桥西端位置显明的节点处，为市民提供了一座观赏、休息亭。亭内设置了展示厅、咖啡厅、厨房等用房，在入口广场及临河一侧，成排的通透长窗，视线开阔，毫无遮挡，美景尽收眼底。建筑利用河堤高差，紧贴河堤岸下层的为公共卫生间、喷泉洗手池和机电用房。为激活这一城市公共空间，由市基金会与知名艺术家合作的各项展览，使这一空间更具文化品位。

该项目曾获"AIA"大奖，评曰："一座小亭子，一个船型广场，重新点燃了河畔的生机。"

全景

外景之一

外景之二

外景之三

外景之四

外景之五

外景之六

97 菲茨罗伊高级中学

建筑设计：MCR设计事务所
建设地点：澳大利亚墨尔本
建设面积：1300平方米

　　一所公立中学扩建新的教学用房，供225名学生及12名教职员使用，设置了艺术与技术工作室、展示厅等用房。划分的各教学组，摆脱传统分设的方法，采用灵活布幔随时调整大小空间以适应不同教学、分组以及研讨会性质或自学等。一处可开放的展示厅，为社区聚会提供宽敞的活动空间。

　　建筑外观造型为波浪流线型，有节奏感地展开，不仅有较长的采光面加之各层、分段的鲜艳色彩搭配，形成富于视觉冲击力的外部空间。

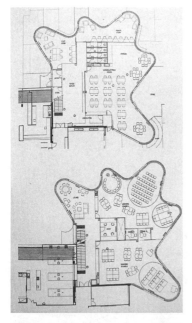

平面

内景之一

外景之一

外景之二

内景之二

98 公共活动中心

建筑设计：D. 梦特朗普设计所
建设地点：丹麦阿尔伯特斯兰德
建设面积：875平方米

建筑为600户居民提供了多种多样的公共文化活动及餐饮的场所，如非正式会议、节日庆典、讲座、婚礼以及观看球类比赛等。

建筑在造型上利用切割、悬挑、倾斜等手法，具有一定的标识性与独特性。在寒冷地区充分利用太阳能板及地源热泵供暖，收集利用雨水，立面遮阳，自然与机械通风以及特定的照明方式等满足了可持续性发展多方面的建筑要求。

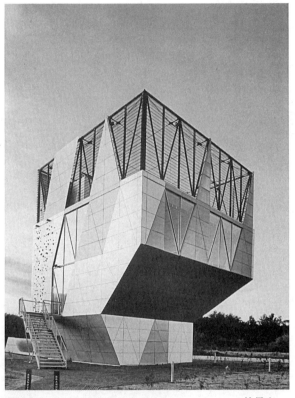

外景之一

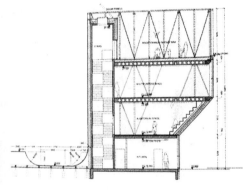

剖面

内景之一

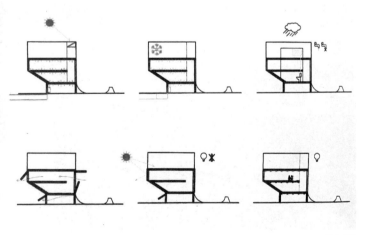

分析图

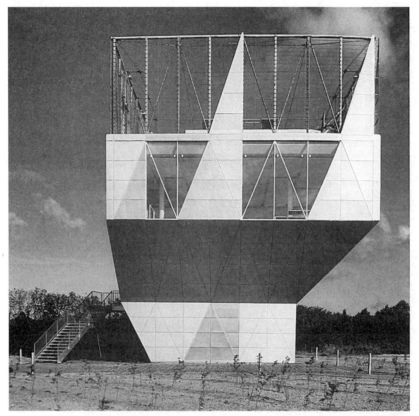

外景之二

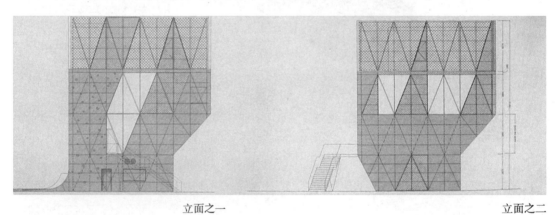

立面之一　　　　　　　　　　　　　　　立面之二

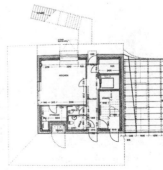

内景之二　　　　　　　　　三层平面图

99 阿布法尔特斯巴赫社区活动中心

建筑设计：麦克纳建筑事务所
建设地点：奥地利帝罗尔州
建设面积：1583.45平方米

在欧洲传统村落中，散布着双坡顶民居，其间"冒"出这样一座社区活动中心。不规则的四块多面体巨石般造型的建筑似无序地分布，而"巨石"之间构成的外部空间成了一处新的地标。

新的社区活动中心主体包含着礼堂、音乐厅、市政办公以及消防安全部门的四个空间，使用功能明确，形态差异，互不干扰，内部空间营造了各自特色。建筑使自然环境与传统的人文环境完美地对接，相得益彰。

全景

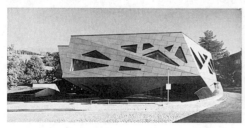
外景之一

外景之二

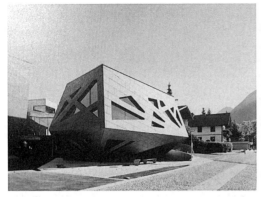

外景之三　　　　　　　　　　　　　　外景之四

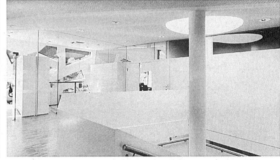

内景之一　　　　　　　　　　　　　　内景之二

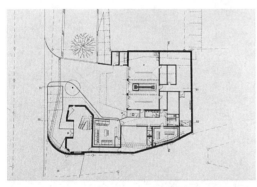
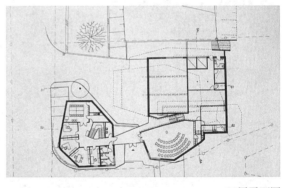

一层平面图　　　　　　　　　　　　　三层平面图

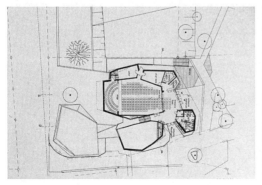
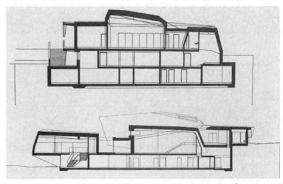

二层平面图　　　　　　　　　　　　　剖面图

100 私家别墅

建筑设计：E. 贾姆特
建设地点：挪威克兰斯坦特
建设面积：400平方米

建筑在2004年底被焚毁的旧建筑基地上重建的，自然条件植被很差，有挪威冰川时期留下裸露的大石块。新建筑除供社区使用外，还在旅游旺季提供餐饮服务。

围绕作为餐饮、小型集会、演出的多功能大厅，布置了如卫生室、厨房等辅助用房。多边形的平面，一侧锯齿形切口，建筑有大红色的入口门廊及灰空间的集散广场。建筑师精心推敲多重考虑，在不同方向倾斜浅灰色竖条纹般的纤维水泥外墙板以及融入环境之中的坡顶造型，显得亲切、朴实而具地域性。

外景之一

外景之二

内景之一

内景之二

内景之三

101 布拉斯办公楼

建筑设计：C. 哥尔特　B. 瓦尔特
建设地点：意大利
建设面积：1250平方米

这是一座集销售（地下一层）、展示（一层）、行政办公（二层）于一体的小型办公、机电展示楼。独立地段为建筑造型提供三个方向的展现。功能方面在空间上明确划分对内职能部门与对外服务。通过弧线型中庭以及其中穿插的直线楼梯打破空间的单调。外部造型以密集挂板的分割与竖线划分的玻璃长宽相对比，满足了透明度与可见度最大限度地显示。

总平面

外景之一

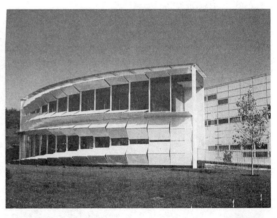

外景之二

外景之三

外景之四

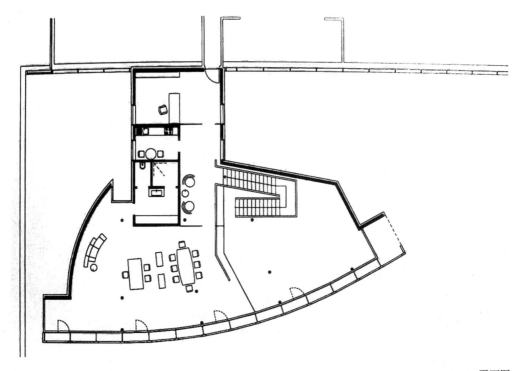

平面图

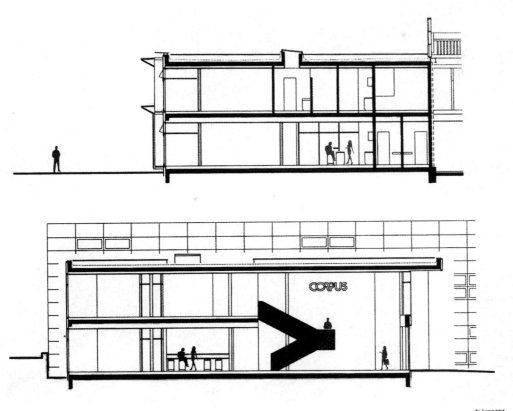

剖面图

102 金山社区活动中心

建筑设计：隈研吾设计事务所（日）
建设地点：日本
建设面积：1319.45平方米

建筑位于历史遗址金山城堡脚下，由居民学习传统技艺的工坊及旅游指导中心两部分组成。建筑师利用地形的高差将两部分松散的连接形成凹字形内院，并与自然环境山体取得呼应与对话。两种小块石板材料，间隔而整齐排列，镶嵌在钢盘上，在视觉上获得了轻盈感。室内空间及天花也以同样的布局将水泥木纹板和矩形板悬挂或紧贴在顶部与底部，这种相互切分、间隔的形态给人一种三维立体感，从而使材料与空间的联系取得风格上的一致，彰显与延续了当地的历史文化。

外景之一

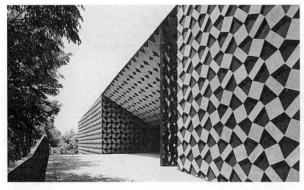

外景之二

外景之三

 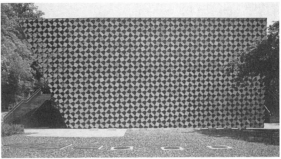

外景之四　　　　　　　　　　　　　　　　外景之五

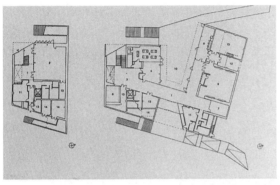 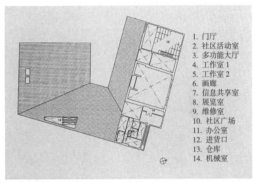

1. 门厅
2. 社区活动室
3. 多功能大厅
4. 工作室1
5. 工作室2
6. 画廊
7. 信息共享室
8. 展览室
9. 维修室
10. 社区广场
11. 办公室
12. 进货口
13. 仓库
14. 机械室

一、二层平面图　　　　　　　　　　　　三层平面图

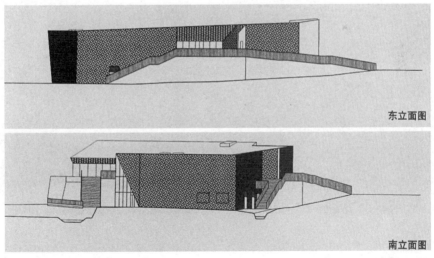

东立面图

南立面图

立面图

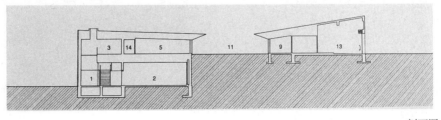

剖面图

103 基弗展示厅

建筑设计：E.贡茜尔勃里奇　P.弗伦斯丘斯
建设地点：奥地利
建设面积：545平方米

建筑为在主体建筑一侧开阔地布置的展示厅，有足够的停车场地以及充分展现弧面的可多变的外观。

建筑有不规则的平面，从主入口进入二层高的门厅，旁侧悬挑的楼梯点缀着内部空间。柱网结构清晰明确。竖线分割的玻璃幕墙外，整挂着可折叠的轻盈金展板，通过不同高低、错落开启方式的调节构成丰富的虚实、阴影的节奏感的对比，成为展示厅的一大特色。

外景

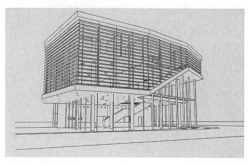

建筑手绘图一

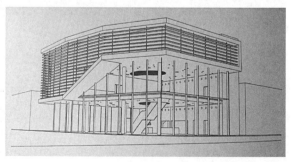

建筑手绘图二

内景之一　　　　　　　　　　　　　　　　内景之二

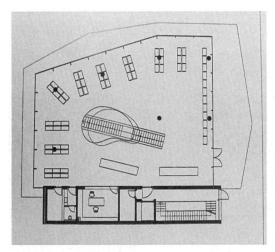 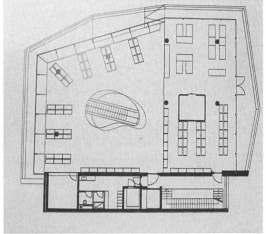

一层平面图　　　　　　　　　　　　　　　二层平面图

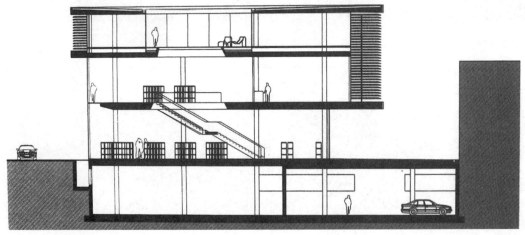

剖面图

104 陀螺社区活动中心

建筑设计：JDWA事务所
建设地点：荷兰鹿特丹
建设面积：1650平方米

在设计初始阶段，从项目内容、总体策划、元素选择、景观布局、节能环保，都贯穿了全程与居民的互动，使建筑与公共空间的质量、持续性得以完美契合。

从平面布局来看围合体育活动大厅周边布置了儿童保育、护理、社区公用设施等用房，流线清晰、紧凑。外部造型，玻璃与木质墙体，移位对比组合，不以奇特取胜。结合宽裕的外部公共活动区域，提供居民健身、休闲、交流的场所。

外景之一

外景之二

外景之三

内景之一　　　　　　　　　　内景之二

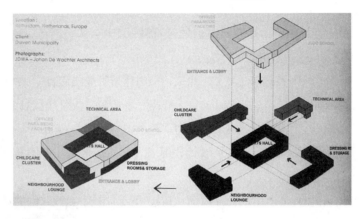

分析图

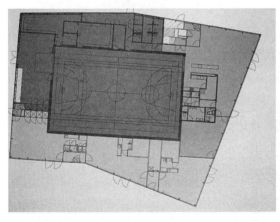 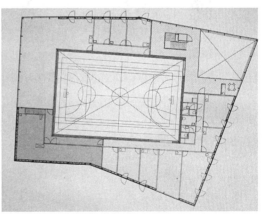

平面图一　　　　　　　　　　平面图二

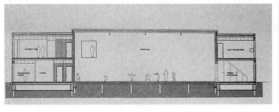 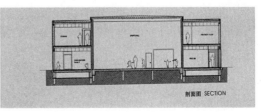

剖面图一　　　　　　　　　　剖面图二

参考文献

[1] 同济大学建筑与城市规划学院. 谭垣纪念文集［M］. 北京：中国建筑工业出版社，2010.

[2] 同济大学建筑与城市规划学院. 吴景祥纪念文集［M］. 北京：中国建筑工业出版社，2012.

[3] 童寯. 新建筑与流派［M］. 北京：中国建筑工业出版社，1980.

[4] （美）保罗·戈德伯格. 后现代时期的建筑设计［M］. 黄新范，曾绍奋译. 天津：天津科学技术出版社，1987.

[5] 建筑师编辑部. 外国各建筑［M］. 北京：中国建筑工业出版社，1988.

[6] 岭南建筑丛书编委会. 莫伯治集［M］. 广州：华南理工大学出版社，1994.

[7] 黄健明等. 现代建筑家全集［M］. 台湾：艺术图书公司，1966.

[8] 东南大学建筑系等. 杨廷宝建筑设计作品选［M］. 北京：中国建筑工业出版社，2001.

[9] Think Archi 工作室. 全球建筑设计风潮（上）（下）［M］. 武汉：华中科技大学出版社，2011.

[10] 刘宇航等. 建筑 2012［M］. 大连：大连理工大学出版社，2011.

[11] 顾馥保. 中国现代建筑 100 年［M］. 北京：中国计划出版社，1999.

[12] 顾馥保. 顾馥保建筑设计作品集［M］. 郑州：河南科技出版社，2015.

[13] 石大伟，岳俊. 中国青年建筑师［M］. 南京：江苏人民出版社 2011.

[14] 凤凰空间·北京. 当代社区活动中心建筑设计［M］. 南京：江苏人民出版社，2013.

[15] 东南大学建筑学院教师设计作品选编写组. 东南大学建筑学院教师作品选（1990—2017）［M］. 北京：中国建筑工业出版社，2017.

[16] 建筑学报相关各期.

[17] 1000X Europearn Architecture（Ⅰ、Ⅱ、Ⅲ）2006, Liaoning Science and Technology Publishing House.

[18] The Phaidon Atcas of Contemporary World Architecture（Ⅰ、Ⅱ、Ⅲ）.